KB068385

초보 아트 컬렉터를 위한 멘토링

현대미술시장의 흐름과 아트테크의 이해

이 서적 내 사용된 일부 작품은 SACK를 통해 저작권 계약을 맺은 것입니다.
저작권법에 의하여 한국 내에서 보호를 받는 저작물이므로 무단 전재 및 복제를 금합니다.

저작권 허가를 받지 못한 일부 작품은 추후 저작권이 확인되는 대로 절차에 따라 계약을 맺고
그에 따른 저작권료를 지불하겠습니다.

초보 아트 컬렉터를 위한 멘토링

현대미술시장의 흐름과 아트테크의 이해

초판 1쇄 발행   2023. 5. 31.

지은이   나하나
펴낸이   김병호
펴낸곳   주식회사 바른북스

편집진행   김재영
디자인   최유리

등록   2019년 4월 3일 제2019-000040호
주소   서울시 성동구 연무장5길 9-16, 301호 (성수동2가, 블루스톤타워)
대표전화   070-7857-9719 | **경영지원**   02-3409-9719 | **팩스**   070-7610-9820

•바른북스는 여러분의 다양한 아이디어와 원고 투고를 설레는 마음으로 기다리고 있습니다.

이메일   barunbooks21@naver.com | **원고투고**   barunbooks21@naver.com
홈페이지   www.barunbooks.com | **공식 블로그**   blog.naver.com/barunbooks7
공식 포스트   post.naver.com/barunbooks7 | **페이스북**   facebook.com/barunbooks7

ⓒ 나하나, 2023
ISBN 979-11-93127-17-9 03190

•파본이나 잘못된 책은 구입하신 곳에서 교환해드립니다.
•이 책은 저작권법에 따라 보호를 받는 저작물이므로 무단전재 및 복제를 금지하며,
이 책 내용의 전부 및 일부를 이용하려면 반드시 저작권자와 도서출판 바른북스의 서면동의를 받아야 합니다.

The Flow Of Contemporary Art Market

바른북스

초보 **아트 컬렉터**를 위한

멘토링

Understanding Of Art Tech

현대미술시장의 흐름과

아트 테크의 이해

나하나 지음

프롤로그: 초보
컬렉터들의

아름다운 성장을
바라며

한번 빠지면 좀처럼 헤어나기 힘든 취미가 있다. 바로 '아트 컬렉팅'이다. 아트 컬렉팅은 다양한 종류의 예술작품을 수집하는 것을 의미하는데, 그중에서도 주로 그림이나 조각작품을 수집하는 것을 우리는 '아트 컬렉팅'이라고 한다.

사실 수년 전까지만 해도 아트 컬렉팅은 일부 특정 계층만의 전유물이었다. 그러나 최근에는 집집마다 인테리어 소품으로 그림 한 점은 걸려 있을 정도로 아트 컬렉팅이 대중화되었으며, 아트 컬렉팅을 취미로 가지는 사람들도 많아졌다.

이렇게 대중이 마치 마법처럼 아트 컬렉팅에 빠져드는 이유가 무엇일까?

아트 컬렉팅의 매력은 미술작품이 컬렉터에게 단지 시각적인 즐거움을 제공함에 그치는 것이 아니라 컬렉터의 감정을 자극하여 마음의 안정을 가져다주는 등 정신적인 가치 또한 크다는 데에 있다. 그리고 미술작품은 개인의 취향과 삶의 철학을 반영하기 때문에 내가 수집한 미술작품을 통해 나의 감성과 가치관을 표현할 수 있으며, 인테리어 소품으로써도 나만의 스타일을 보여줄 수 있다.

또한 미술작품은 투자의 대상으로서도 인기가 있다. 일부 인기 작가들의 작품은 미술품시장에서 수억 원에 이르는 높은 가격으로 거래되기도 하며, 한정된 수량으로만 제작된다는 특성으로 인해 높아진 희소성은 시간이 지날수록 미술작품의 가격을 상승시키기 때문에 미술작품의 자산으로서의 가치 또한 매우 높다.

이처럼 아트 컬렉팅은 예술적 가치와 경제적 가치를 모두 지니고 있다는 점에서 큰 매력을 지니며 바로 이러한 부분이 컬렉터의 마음을 사로잡는다.

그런데 최근에는 한국 미술시장이 급격히 성장하면서 미술작품을 오로지 투자와 투기의 관점으로만 접근하는 경향이 짙어졌으며, 미술작품은 곧 수익이라는 잘못된 상식이 통용되고 있다.

내가 이 책을 쓴 이유는 아트 컬렉팅에 입문하는 사람들이 이러한 잘못된 상식과 왜곡된 관점에 물들지 않길 바라는 마음에서 비롯되었다. 아트 컬렉팅은 누구나 할 수 있다. 하지만 초보 컬렉터가 미술작품이나 미술시장에 대한 기본적인 이해 없이 아트 컬렉팅을 한다면, 깊이 있는 컬렉션을 구성할 수 없으며, 아트 컬렉팅이 매우 위험한 투기가 될 수도 있다.

이 책은 미술작품을 대하는 방법과 미술시장에 대한 이야기, 그리고 미술작품이 어떻게 자산이 되는지 등에 관한 지식과 아트테크에 관한 전반적인 지식을 담은 책으로서 초보 아트 컬렉터를 위한 입문서이다.

물론 초보 아트 컬렉터가 이 책 한 권을 읽었다고 해서 아트 컬렉팅의 세계를 전부 이해하고 성공한 컬렉터가 된다는 보장은 없다. 그러나 이 책은 아트 컬렉팅에 관심은 많지만 이를 어렵게 느끼고 있는 초보 컬렉터들에게 미술작품을 선별하는 방법, 미술시장의 흐름을 아는 방법 그리고 아트 컬렉팅의 방향성과 올바른 아트 재테크까지 미술에 대한 초석을 세우는 역할을 할 것이라 확신한다.

나 하 나

목차

PART 1 당신을 위한 친절한 미술지식

01 미술 감상 레시피

02 알아두면 도움 되는 미술인문학

04 K-ART,
세계 미술의 트렌드를 이끌다!

06 현대미술 스펙트럼

PART 4

그림 속 경제,
아트테크의 미학

지금은 아트테크 제너레이션!

PART 1

당신을 위한
친절한
미술지식

01

미술 감상

레시피

왜 우리는
그림을 볼까?

그림을 보기 위해 미술관이나 갤러리를 찾는 사람들이 부쩍 늘었다. 유명 작가의 전시회라도 열리면 발 디딜 틈 없이 많은 사람이 몰리곤 한다. 미술계에 몸담고 있는 사람으로서 미술에 대한 관심이 커졌다는 점은 뿌듯한 일이다.

사실 생각해 보면 세상에는 그림 말고도 볼 게 참 많다. 그런데 왜 우리는 많고 많은 볼거리 중에 굳이 미술관이나 갤러리에 가서 그림을 보는 것일까? 친구를 따라 우연한 기회에 전시회에 갔을 수도 있지만, 미술관에 가는 이유는 대부분 '내가 좋아서' 가는 것이다.

그렇다면 이제 이렇게 물어볼 차례다. 미술에는 어떤 매력이 있기에 사람들이 좋아하는 것일까? 미술은 미학(美學, Aesthetics)이라는 학문 분야로 '아름다움'을 추구하는 학문이다. 우리는 미술작품을 통해 '아름다움'을 느끼는데, 그 '아름다움'을 감상하고 접근하는 태

19

도는 사람마다 다르다. 그렇다. 미술의 가장 큰 매력은 아름다움이 아니라, 바로 그것을 '감상하는 데 규칙이 없다'는 것에 있다.

쉽게 경험할 수 있는 예를 들어보자. 같은 그림을 여러 명이 감상했을 때 개인마다 갖는 느낌은 모두 다르다. 똑같은 그림을 보면서 누군가는 감동을 받아 눈물을 흘리지만, 누군가에게는 큰 감흥이 없을 수도 있다. 또 다른 누군가는 혐오감을 느낄 수도 있을 것이다.

이처럼 같은 그림을 두고서도 전혀 다른 느낌을 갖는 이유는 사람마다 경험한 것이 다르고, 그에 따른 생각의 차이에서 비롯된다. 그래서 그림은 미디어나 책을 볼 때와는 다르게 순수하게 개인적인 시각으로 감상하면 그만이다.

그런데 이렇게 '개인적인 시각'으로 쉽게 접근할 수 있다고 했음에도 여전히 그림은 특별한 사람들만 즐기는 취미처럼 느껴지곤 한다. 그래서 우리는 그림에 대해 공부를 해보고자『서양 미술사』나『현대미술의 이해』등 어려운 책들을 외우듯 읽어보거나, 미술잡지를 들춰보면서 이런저런 상식을 흡수하려고 노력한다. 이런 노력은 과연 빛을 발할 수 있을까? 아마 아무리 많은 책을 읽어도 여전히 낯선 느낌에서 빠져나올 수 없었을 것이다.

사실 우리가 갤러리나 미술관에 가는 이유는 단순하다. 바로 나 자신의 정신적인 쾌락 추구를 위해서 그림을 보고자 하는 것이다. 일상을 살아가면서 보이는 아름다움은 대부분 이미 익숙하게 주어진 자극이다. 가령 도시에 살고 있는 사람이라면 비슷한 옷차림의 사람들, 네모반듯한 빌딩숲, 늘 거닐며 힐링하는 집 앞 공원 등 도심의 일상에서 매일 반복되는 풍경을 맞이한다. 물론 평범한 일상에서도 아름다움을 느낄 수 있는 것들이 있지만, 아름다움도 익숙해지면 식상해질 수 있는 법이다. 그래서 우리는 늘 새로운 자극과 더욱 깊이 있는 감동을 원한다.

그런데 바로 이 '그림보기'가 그런 우리의 욕구를 충족시켜 주는 것이다. 우리는 그림을 보면서 유쾌한 감각은 적극적으로 받아들이고, 불쾌한 감각은 빠르게 떨쳐버린다. 또 부정적인 감정은 빠르게 희석시키고 긍정적인 마음으로 되돌리려고 한다. 이처럼 그림보기는 감정의 확장을 일으키며 우리에게 본능적인 쾌감을 준다. 원래 사람은 즐겁고 행복한 긍정적인 감정은 빠르게 받아들이고, 불쾌하고 부정적인 감정은 빠르게 떨쳐내려는 본능이 생물학적으로 존재하는데 바로 이것이 그림이라는 매개체를 통해서 일어나는 것이다.

간혹 심리학자들은 그림보기에서 느껴지는 희열감은 철인 삼종경기나 히말라야를 정복하는 산악인들의 희열감에 결코 뒤지지 않는다고 말하곤 한다. 그래서 한번 그림보기에 빠지면 미술관이나 갤러리를 찾는 일을 그만두는 것이 결코 쉽지 않은 것이다.

계속해서 새롭게 창작되는 그림들은 우리에게 확대되는 새로운 감정들을 끝없이 끌어내어 우리의 정신적 부분을 충족시킨다. 그것이 바로 그림보기의 매력이자, 미술의 매력이다.

따라서 새로운 경험과 감정을 불러일으키는 그림 앞에서 배경지식이 없다고 해서 굳이 주눅 들 필요는 없다. 나만의 시각이 있다면 이미 그림을 즐길 준비가 된 것이나 마찬가지다. 괜히 어렵게 생각하면 멀어질 뿐이다.

그림보기 = 나의 정신적 쾌락 추구

이것이 일상에 지친 사람들이 더욱 빠질 수밖에 없는 그림의 마력(魔力)이다.

초보 아트 컬렉터를 위한 멘토링

미술 감상에
정답은 없다

주입식 교육의 영향 탓인지, 우리나라 사람들은 유독 '답' 맞추는 것을 좋아하는 것 같다. 물론 살면서 답을 내려야 하는 순간들이 분명히 있겠지만, 미술작품을 감상하는 데에는 '정답'이라고 할만한 것은 딱히 없다. 앞서 말했듯이 미술 감상은 개인적 시각으로부터 시작하고 거기에서 무언가를 얻는 것으로 끝난다. 그런데 대부분의 사람들은 이런 감상의 영역에서도 답 찾기에 바쁘다. 그래서인지 미술 감상을 취미로 갖고 싶어도 어떻게 그림을 감상해야 할지 몰라 선뜻 미술관에 가기 어려워한다. 그림 감상법에 대한 명확한 매뉴얼이 있는 것도 아닌데, 전시회에 가는 것이 왠지 두렵고 어색한 것이다.

현대 사회에서 미술 감상은 교양인의 필수 덕목이다. 미술과 가까워지면 인문학적인 소양과 자질이 높아지고, 삶이 정서적으로 풍요로워지기 때문에 많은 사람들은 미술 감상을 생활화하고자 하는 것이다. 그런데 애당초 두려운 마음으로 답만을 찾고자 한다면 어떻게 진정한 감상을 할 수 있겠는가. 우리는 미술 감상을 통해 새로운 예술세계로 들어갈 수 있으며, 또 감상자만이 그 세계를 향유할 수 있다.

새로운 예술의 세계를 향유하고자 하는 입문자들을 위한 몇 가지 도움이 될만한 감상법을 알아보자.

입문자를 위한
미술 감상법

1. 자유롭게 나만의 감상하기

그림 감상에는 특별한 방법이 없다. 하나의 그림을 두고도 사람들은 각자 다르게 느끼기 마련이다. 그 이유는 개인이 가지고 있는 경험이나 기억이 모두 다르기 때문이다. 그런데 우리는 사지선다, 오지선다형 문제에서 정답을 찾는 교육방식에 길들여져서 마치 그림에도 작가가 의도하는 정답이 있는 것처럼 생각한다. 그리고 그림에 익숙하지 않은 사람일수록 그것을 설명을 해주는 도슨트에 의지한다. 하지만 그림은 작가의 의도가 있는 그림도 있고, 관객에 의해 의도가 만들어지는 그림도 있다. 그래서 그림을 감상할 때는 편안하게 그림을 보면서 내가 생각하고 느껴지는 감정에 집중하면 된다.

2. 그림에 담긴 의미 해석하기

그림을 볼 때, 가장 먼저 그 그림의 전체적인 느낌을 살펴본다. 그러다 보면 스스로 몇 가지 의문점이 생길 것이다. '이 그림은 언제 그렸을까?', '왜 이렇게 그렸을까?' 하는 작품 창작의 동기가 궁금해진다. 또, 이 작가는 어떤 삶을 살았고, 어떤 배경을 가지고 있기에 이 작품이 나왔는지도 궁금해질 수 있다. 이렇게 그림을 보면서 저절로 생기는 의문점을 생각해 본 후 스스로 그 의미를 추측해 본다. 그 후 내가 생각하는 그림과 관련된 의미와 작가가 그림을 통해 표현하는 의미가 일치하는지 비교해 보는 것도 매우 즐거운 감상법이다.

3. 그림의 구조 분석하기

그림 안에서 표현된 대상들의 크기, 모양, 색 등을 천천히 살펴본다. 통일감은 있는지, 조화롭게 잘 구성되어 있는지, 사실적 형태인지 아닌지도 살펴본다. 또 작가가 그림에 어떤 조형 원리에 중점을 두어 표현했는지도 본다. 이런 방식으로 그림을 보다 보면 나중에는 저절로 그림의 조화로운 구도가 무엇인지 찾을 수 있게 된다. 또한 그 그림 안에서 일어나는 시각적 효과와 상호관계 등을 파악하는 안목도 생긴다.

4. 그림의 가치 평가해 보기

내가 감상하는 그림이 명화나 세계적으로 유명한 작품이라면 왜 그런지 이유를 생각해 본다. 그다음 내가 정한 기준에 따라 작품의 가치와 중요성을 판단한다. 예를 들어, 그림의 가격으로 가치를 평가할 수도 있고, 미술사에서 어떤 영향력을 미쳤으며 어떤 위치에 있는지에 따라서도 평가해 볼 수 있다. 미술작품의 가치는 그 관점을 어디에 두느냐에 따라 다르다. 일단 다양한 각도로 의문점을 제시한 후, 그 질문에 대한 답을 상상해 보는 것 또한 아주 흥미로운 미술 감상법이 될 수 있다.

5. 타인의 감상 듣기

마지막으로 내가 감상한 그림이 다른 사람의 눈에는 어떻게 보였는지 의견을 들어본다. 그림을 두고 생각을 함께 나누다 보면, 내가 미처 생각하지 못했던 것을 알게 되기도 한다. 나와 같은 생각을 했을 때는 묘한 연대감을 느낄 수 있어 좋다. 그렇게 의견을 공유하거나 공감하다 보면, 그림보기에 대한 두려움이 크게 줄어들게 된다.

사실 미술 감상법에도 정답은 없으며, 특별한 재능이나 안목을 가져야만 그림을 감상하는 것도 아니다. 그림을 감상하면서 스스로가 행복한 느낌이 들고, 자기반성과 깨달음, 나아가 감동할 수 있다면 그 방법이 무엇이든 옳은 것이다. 하지만 여전히 미술관에 가는 것이 어색하다면 위에 제시한 입문자 감상법으로 그 시작의 문을 열어보자. '입문자 감상법'은 훌륭한 안목을 지니기 위한 첫 단계로는 매우 쉬운 접근법이다.

자, 그럼 입문 단계를 넘어섰다면 이제는 인문학적으로 작품을 감상하는 방법을 터득할 때다. 우리는 취미가 미술관에 가거나 그림을 보는 것이라고 하면, 매우 교양 있거나 품위 있는 사람이라고 생각하는 경우가 많다. 하지만 그림을 감상하는 목적이 반드시 지적 교양의 향상은 아니다. 누군가는 여가 활동을 즐기기 위해, 누군가는 미술 자체에 관심이 많기도 하며, 또 누군가는 미술관에 가는 행위 자체를 좋아하기도 한다. 어떤 목적으로 그림을 감상하든 그림을 감상하는 사람들은 감상을 통해 자신의 내면에 자연스럽게 지적 교양이 쌓일 거라는 막연한 기대감이 공통적으로 존재한다. 물론 그림을 많이 감상하면 할수록 안목은 높아질 수 있다. 하지만 안타깝게도 그림을 감상하고 접하는 행위만으로는 '지적 교양'을 쌓기는 힘들다.

그렇다면 교양을 쌓으면서 더 넓고 깊은 시각으로 그림을 감상하는 방법에는 어떤 것들이 있을까?

지적 교양을 쌓기 위한
그림 감상법

첫 번째 단계는 '그림보기'이다.

여기서 말하는 그림보기란 그 그림이 상징하는 것이나 의미를 찾는 것이 아니다. 정말 말 그대로 그림을 보며 외형을 파악하는 것이다. 그림에 어떤 색들이 쓰였으며, 그림의 형태는 어떤지, 무엇을 어떻게 묘사했는지 등을 보는 것을 말한다. 이것은 그림의 시각적 기호를 객관적으로 파악하는 단계라고 할 수 있다.

두 번째 단계는 '그림읽기'이다.

그림을 하나의 텍스트로 읽기 위해서는 매우 전문적이고 다양한 지식이 요구된다. 예를 들면, 성서를 알고 중세 시대의 그림을 보면 그 시대를 읽는 데 도움이 되고, 신화를 알고 관련된 그림을 보면 그리스 시대를 읽을 수 있다. 즉, 그 시대의 내용을 알아야 그림 속에 나타난 인물의 관계나 스토리 묘사를 이해할 수 있는 그림들이 있는데, 그것을 제대로 읽기 위해서는 역사적 배경이나 시대상, 그리고 그 시대의 문화 등 지식이 많으면 많을수록 좋다. 이를 또 다른 말로 '도상읽기'라고도 한다.

이처럼 우리는 인문학적 지식이 많으면 많을수록 도상읽기를 더욱 잘 할 수 있다. 만약 지식이 부족하다고 생각하면 전시회를 가기 전에 그 시대의 문화적 배경이나 역사적으로 어떠한 일들이 있었는지 찾아보고 가면 된다.

그렇다면 추상화 등의 '그림읽기'는 어떻게 하면 될까? 추상화를 읽을 때 필요한 것은 작가의 정보나 작품에 대한 설명이다. 추상화는 철저하게 작가의 방식대로 표현하는 비구상, 즉 이미지가 없는 그림이기 때문에 추상화를 읽기 위해서는 작품에 대한 정보나 작가를 아는 것이 필요하다. 사실상 현대미술 대부분이 추상인 점을 감안할 때, 이 방법이 요즘 전시장에서 가장 많이 활용하는 감상 방법이라고 할 수 있다.

세 번째 단계는 '해석'이다.

그림의 해석방법에는 여러 가지가 있다. 사회적, 정치적, 종교적, 심리적 방법 등이 있는데, 그림에 따라서 다양한 방법을 적용하면서 해석하면 된다. 사실 이러한 해석을 위해서는 그림에 대한 양식사나 시대사에 대한 정보를 반드시 알아야 한다. 이것은 많은 전문 지식이 필요하므로 결코 쉬운 방법은 아니다. 하지만 부족하더라도 이 과정을 자주 하다 보면 자연스럽게 미술사학의 기본 개념들을 숙지하게 된다. 또, 미술사의 복잡하고도 모호한 과정이 점차 익숙해지기에 '지적 교양'을 높이는 데 가장 효율적인 방법이라고 할 수 있다.

마지막 단계는 '평가'다.

여기에서의 평가는 그림을 잘 그렸는지 혹은 그렇지 않은지를 의미하는 것이 아니다. 지금까지 앞서 언급한 단계를 거쳐 분석한 작품들에 대한 최종적이며 종합적인 평가라고 할 수 있다. 이를 통해 내가 감상한 작품이 어떤 가치를 가지고 있을지 자신의 의견을 도출하면 된다. 즉 그림을 보며 능동적인 인식행위 이후 끝으로 가치판단을 하는 과정이라고 할 수 있다. 이것은 그림을 단순히 '보는 것'에서 그치지 않고, '학습하고 의식하는 과정'으로 귀결된다.

이 모든 과정을 일컬어 '그림의 인문학적 감상'이라고 한다. 사실 이런 방식은 상당히 높고 전문적인 수준이 요구되며 복잡하기도 하다. 하지만 미술을 통해 '지적 교양'을 높이려는 감상자들에게는 더없이 좋은 감상법이다. 인문학적 감상을 위해서 꾸준히 전문 지식을 수집하고 쉽지 않은 자료와 정보들을 손에 넣다 보면, 미술작품을 매개로 인문학적 깊이와 폭을 넓히는 좋은 기회를 맞이하게 될 것이다. 또, 자신이 만족할 만한 지적 교양을 쌓기에도 더없이 좋은 방법이다.

[01]
'MMCA 이건희 컬렉션 특별전: 이중섭'
에서 작품을 감상하는 사람들

초보 아트 컬렉터를 위한 멘토링

입문자의 문턱을 낮춘
다양한 미술 프로그램

미술에 대한 인기가 높아짐에 따라 이제 우리 사회도 '미술 대중화 시대'를 맞이했다. 미술의 대중화는 각종 미술관이나 관련 기관에서 진행하는 미술 프로그램의 폭도 확장시켰다. 대부분의 미술관과 아트센터에는 시민들을 위한 체험 및 교육 프로그램이 있으며, 수많은 문화예술단체 역시 대중과 문화예술 간 거리 좁히기에 나서고 있다.

미술에 대한 접근성이 높아지면서 예전보다 더 많은 사람들이 미술관 프로그램을 탐색하며 참여하고 있다. 그렇다면 입문자들이 다양한 미술 프로그램에 참여할 때 어떻게 하면 더 큰 흥미를 느낄 수 있을까?

미술 입문자가 그림을 감상하기 가장 쉬운 접근 방법은 주로 국내에서 열리는 명화 전시회에 가는 것이다. 이때 명화라고 해서 무조건 좋고 훌륭한 그림이라는 생각을 버려야 한다. 우선 그림을 보면서 무엇이 그려져 있는지 살펴보고, 그림 속에서 벌어지는 상황은 무엇인지, 또 작가가 왜 이런 그림을 그렸을지 생각해 보는 것도 좋다.

여기서 중요한 점은 그림을 통해 떠오른 단상을 내 경험과 빗대어 생각해 보는 것이다. 이는 그림의 이해를 높이는 데 큰 도움이 된다. 설령 내 생각이 작가의 의도와 다르더라도 상관없다. 내 경험을 떠올리면서 그림을 보며 충분히 상상해 본 후, 작가는 왜 이런 그림을 그렸는지 생각해 보면 되는 것이다. 만약 유독 관심이 가는 그림이 있다면, 그것이 바로 내 취향의 미술품일 가능성이 높다.

규모가 있는 미술관 내부나 외부 정원에는 다양한 조각작품이 전시되어 있는 경우가 많다. 대개 사람들은 이를 그냥 지나쳐 버리는 경우가 많은데, 조각작품만 모으는 컬렉터가 있을 정도로 또 다른 즐거움을 느낄 수 있다. 조각작품을 감상할 때는 다양한 각도에서 자유롭게 작품의 주위를 걸으며 감상하는 게 좋다. 조각은 회화와는 달리 3차원의 입체적인 작품이기 때문에 각도에 따라 조각의 형태와 모양이 달라진다. 그래서 조각작품을 두고 위치를 바꿔 감상하면 느낄 수 있는 감정의 폭이 넓어진다. 이 작품에 무슨 재료를 사용했는지, 작품의 균형과 조화는 잘 맞는지 천천히 살펴보며 시각을 넓혀나간다. 움직이는 조각이라면 그 작품이 어떠한 원리로 움직이는지 알아보는 것도 좋다.

퍼포먼스나 참여미술은 우리가 함께 할 수 있는 것이 많기에 쑥스러워하지 말고 직접 참여해 보기를 권하고 싶다. 요즘은 전시와 연계된 프로그램과 체험도 많아서 이런 것들에 참여하다 보면 내가 감상한 전시를 추억으로 간직할 수 있다. 또, 퍼포먼스를 통해 작가의 의도가 무엇인지 거꾸로 알아가는 방법도 있다.

계절에 따라 야외 전시회를 가거나, 비영리 기획전시를 보는 것도 도움이 된다. 또, 신진작가들의 창의력 넘치는 전시를 보는 것 역시 미술에 대한 식견을 넓히는 데 도움이 된다.

　다만, 전시회에 가기 전 염두에 둬야 할 점이 있는데, 바로 내가
감상하는 작품이 세상에 단 하나뿐인 작품이라는 것을 인식하는 것
이다. 작품 하나하나의 중요성을 인식하면 자연스럽게 작가와 작품
에 대한 존중하는 마음과 함께 전시 예절도 지켜진다.

　이렇게 자연스러운 감상법에 따라 그림을 보다 보면, 어느새 문화
예술을 즐기는 나 자신을 발견할 수 있을 것이다.

재미있고 쉬운
한국화 감상법

　　미술에 대한 사람들의 이목은 대개 서양화에 쏠려 있다. 고흐, 고갱, 마네, 모네, 피카소, 뒤샹 등 서양의 화가와 그림은 잘 아는 반면, 한국의 화가나 그림은 중고등학교 시절 배운 지식이 고작이다. 물론 최근에는 아트 컬렉팅 열풍으로 한국의 작가나 한국화에 대한 관심도 많이 커졌지만, 여전히 서양화에 비할 바는 아니다.

　역사를 잊은 민족에게 미래는 없다는 말이 있듯이, 한국 사람이라면 한국화를 제대로 알고 있는 것이 우리의 아름다운 유산을 대대손손 전하는 길 중 하나일 것이다. 사실 우리는 한국 사람이기에 한국화에 깃든 정신이나 정서가 전혀 낯설지 않다. 어쩌면 우리의 가슴에는 유유히 흐르는 한국적 정서가 내재되어 있을 가능성이 크다.

　우리의 것이지만, 지루하고 멀게만 느껴졌던 한국화의 기본지식과 이를 즐겁게 감상하는 방법에 대해 알아보자.

　한국화는 크게 수묵화, 채색화, 수묵 담채화로 구분된다. 수묵화는 먹과 물만으로 그려지는 그림이다. 수묵화를 감상할 때는 필획에 중심을 두면 되는데, 대표적인 수묵화로는 안견의 〈몽유도원도〉가 있다.

수묵 채색화는 먹과 색이 있는 안료로 나타낸 그림이다. 수묵 채색화는 화려하고 장식적인 느낌이 드는 것이 많으며 대부분 화사하다. 이 양식은 현대미술에서도 종종 보이는데, 동심의 세계를 나타내고 채색화 특유의 밝은 분위기를 가진 이왈종 작가의 〈제주 생활의 중도〉가 수묵 채색화다.

다음으로 수묵 담채화는 먹과 물, 그리고 옅은 색의 안료를 사용해 그린 그림으로, 대부분 맑고 은은하며 담백한 느낌이다. 수묵 담채화의 대표적인 작품으로는 김홍도의 〈활쏘기〉와 김득신의 〈야묘도추〉 등이 있다.

한국화의 기본적인 분류를 알았으니, 이제는 한국화를 읽는 방법을 살펴보자. 한국화를 감상할 때는 '본다'라는 단어가 아닌 '읽는다'라고 표현하는데, 그 이유에 대해서는 뒤에서 자세히 다루기로 하고 여기서는 먼저 입문자가 한국화에 접근하는 방법에 집중하며 이야기를 이어가자.

한국화를 감상할 때는 가장 먼저 그림의 우측 상단에서 시작해 좌측 상단으로, 그리고 좌측 하단으로 내려가면서 보는 게 좋다. 이는 '서화의 흐름'을 자연스럽게 따라가는 방법이다. 그림을 보면서 사용된 필선이나 필획의 느낌을 느끼는 것도 감상하는 데에 큰 재미를 준다.

또 낙관(落款)도 눈여겨봐야 한다. 보통 서양화에는 작가의 서명이 들어가지만 동양화에서는 서명 대신 낙관이 들어간다. 낙관은 단순히 서양화에서처럼 서명의 개념으로 쓰이지 않는다. 그 자체가 마치 하나의 작은 작품처럼 조형미나 조화를 이루어야 하며, 그림의 무게 중심을 잡는 중요한 역할을 한다. 그래서 낙관은 단순한 인장의 개념을 넘어선다고 말할 수 있다. 이처럼 한국화에서는 그림만큼 글씨도 중요하며 그림 안에 쓰인 시(詩)도 매우 중요하다. 즉, 한국화에서는 '시서화(詩書畵)의 일치'를 최고 경지로 여기는 것이다.

그리고 서양화는 논리적이고 과학적인 원근법과 명암을 중요시한다. 하지만 한국화는 '여백의 미'와 '물아일체(物我一體)'가 더 중요하다. 그래서 한국화를 감상할 때는 대상의 가장 본질적인 부분과 정신의 조화로움을 이해하는 넓은 마음으로 감상해야 한다.

글만으로는 어렵게 느껴질 수도 있으니, 한국의 대표적인 화가 정선과 신윤복의 작품을 함께 감상하며 이해해 보자.

[02] 정선 〈금강전도(金剛全圖)〉
1734, 종이에 수묵 담채, 130.7×94.1cm, 국보 제217호, 삼성리움미술관

    그림을 보면 비 온 뒤 안개가 피어오른다. 전체적으로 위에서 내려다보는 시선으로, 맞은편에 있는 높은 산에 올라가서 그림을 그렸을 것으로 추측된다. 여기에는 시가 쓰여 있는데, 한 시대가 가고 새 시대가 온다는 미래에 대한 희망을 노래하고 있다. 가장 윗부분에는 〈금강전도(金剛全圖)〉라는 제목과 '겸재'라는 호가 있고, 아래쪽으로 '겸재'라고 새긴 백문방인(白文方印)이 찍혀 있다.

[03] 신윤복 〈월하정인(月下情人)〉
18세기 후기, 수묵 채색화, 28.2×35.6cm, 간송미술관

〈월하정인(月下情人)〉을 보자. 두 남녀가 달밤에 은밀하게 만나고 있다. 그림에는 한밤중에 한 여인이 외간남자와 데이트하는 부도덕한 장면이 화폭에 담겨 있다. 가장 위쪽에는 위로 볼록한 달이 그려져 있으며, 쓰개치마를 입은 여인은 아래를 보고 있지만 그림 속 남성을 유혹하는 느낌이 든다. 이 그림에도 시가 있다.

월침침 야삼경(月沈沈 夜三更) 달도 침침한 23시부터 1시 사이,
양인심사 양인지(兩人心事 兩人知) 두 사람의 마음은 두 사람만이 알리라.

그리고 시 아래쪽으로는 낙관이 찍혀 있다.

두 작품을 통해서도 알 수 있듯이 한국화는 시서화(詩書畵)의 일치가 가장 대표적인 특징이고, 그림을 그린 이유는 시를 읽으면 바로 알 수 있다. 풍경화의 경우에는 전체적인 구도를 보고 오른쪽 위 - 왼쪽 위 - 왼쪽 아래 - 오른쪽 아래 순으로 시선을 옮겨가며 읽어도 되고, 인물화는 주로 그려진 인물의 시선을 따라가서 읽는 방법도 감상의 재미를 더할 수 있다.

한국화는 우리 선조들의 역사와 정신, 문화와 혼이 고스란히 담겨 있다. 한번 감상을 해보면 너무나 익숙한 정서지만, 막연히 어렵다는 생각만으로 감상조차 하지 않는다면 계속 멀게 느껴질 수밖에 없다. 따라서 위의 감상법을 적용해 한국화를 읽어보는 시간을 가져보는 것도 좋다. 아마 한국화가 훨씬 친근하게 느껴질 것은 물론이고, 우리가 살아온 역사의 공감을 통해 서양화보다 더 재미있어질지도 모른다. 그렇게 우리의 그림 한국화의 즐거움과 매력에 빠져보자.

미술관에서 노는
즐거움!

"만지지 마시오", "촬영금지"

우리나라 미술관이나 박물관을 방문했을 때 자주 볼 수 있는 문구들이다. 미술 전시회에 가면 당연히 그 장소에 맞는 기본 예의를 지켜야 한다. 하지만 '~을 하지 말라'는 금지어들은 그림을 감상하는 사람에게 미술관이 즐거운 곳이 아니라, 딱딱하고 지루한 곳이라는 편견을 심어줄 수도 있다. 또 그림을 보는 것을 지루하고 어려운 과정으로 인식할 여지도 커진다.

유럽은 분위기는 어떨까? 유럽은 어느 도시를 여행하든 그 지역을 대표하는 크고 작은 미술관이 적어도 하나는 존재한다. 파리의 경우에는 일 년 내내 사람들의 발길이 끊어지지 않는 대표적인 곳이 미술관이다.

루브르나 오르세가 없는 파리를 상상해 본 적이 있는가? 파리는 예술과 낭만이 존재하는 아름다운 도시다. 파리가 그러한 도시로 성장할 수 있었던 배경에는 미술관이라는 장소를 사람들이 '놀 수 있는 공간'으로 인식시켜 온 프랑스의 문화 정책에 있다. 이는 뉴욕도 마찬가지다.

파리나 뉴욕의 미술관에 가면 흔히 볼 수 있는 풍경이 있다. 바로 한 그림 앞에 앉아서 몇 시간씩 그림을 보거나, 그 앞에서 자유롭게 스케치를 하는 학생들의 모습이다. 학생들의 단체 수업도 볼 수 있는데, 그림을 두고 선생님이 설명해 주고 있지만 일부 학생은 자유로운 감상을 즐기는 모습도 보인다.

어떤 사람들은 드로잉 북을 손에 들고 명화 앞에 앉아 그림을 따라 그리기도 하고, 어떤 사람은 그릴 대상을 가까이에서 아주 유심히 관찰한다. 또, 삼삼오오 모여 바닥에 앉아 작품을 올려다보며 대화를 주고받는 사람들도 있다.

[04]
메트로폴리탄 뮤지엄의
'이집트관' 덴두르 사원

[04-1]
메트로폴리탄 뮤지엄의
'이집트관' 덴두르 사원

　뉴욕도 미술작품을 대하는 태도가 파리와 다르지 않다. 사진은 메트로폴리탄 뮤지엄 이집트관의 덴두르 사원인데, 이 사원은 미국이 이집트에게 1965년에 받아 1978년에 설치된 매우 귀한 문화유산이다. 사진 뒤쪽을 보면 사람들이 자유롭게 앉아 있거나 서 있다. 그들은 가장 근접한 위치에서 문화유산을 감상하고 있는 것이다. 감상자들은 마치 이집트의 덴두르 사원에 실제로 들어간 느낌을 받을 수 있고, 가까운 곳에서 디테일을 관찰하며 사원의 고유한 맛을 제대로 느낄 수 있다.

[05]
파리 루브르 박물관에서
작품을 감상하는 사람들

이 사진은 파리의 루브르 박물관 내부의 전시관의 모습이다. 사진 앞쪽을 보면 유모차가 뮤지엄 안에 들어와 있다. 이런 배려는 그야말로 아이들이 걸음마를 떼기 전부터 문화를 직접 보고 느낄 수 있는 시스템이다. 우리나라라면 어땠을까? 전시관 내부에 유모차가 들어가는 걸 상상이나 할 수 있을까? 우리나라의 전시관은 간혹 연령제한이 있는 곳이 있어 아이가 있다면 반드시 관람 가능한 나이인지 확인해야 하는 불편함이 있다.

사실 유럽이나 미국의 전시관 문화는 우리나라에서의 미술관에서는 결코 볼 수 없는 낯선 풍경이다. 우리나라의 미술관에서는 보

43

통 줄을 서서 전시를 관람해야 하며, 인기가 있는 전시라면 밀려드는 사람들로 인해 한 작품 앞에서 1분 남짓 서 있기조차도 힘이 든다. 작품 앞에서 드로잉을 하는 것은 언감생심이다.

본래 미술관이란 곳의 가장 큰 유희이자 즐거움은 '미술작품들과 함께 소통하며 노는 것'이다. 하지만 여전히 우리는 자유를 추구하는 예술 앞에서 자유로운 감상을 하지 못하고 있다. 그리고 이런 부자연스러운 감상들은 결국 우리의 아이들에게 '문화적 대물림 현상'으로 이어져 문화를 제대로 향유하지 못하는 안타까움이 되풀이된다.

우리나라에서 세계적인 거장이 탄생하기 어려운 것도 바로 이러한 이유다. 거장은 자국의 문화를 이어받은 아이들이 그 씨앗이며, 틀이 없는 곳에서 만들어질 가능성이 높다. 즉, 미술관에서 놀 줄 아는 아이들이 결국 미래의 거장이 될 여지가 큰 것이다. 한 나라가 성장하기 위해서는 국민의 문화와 예술에 대한 수준이 함께 성장해야 한다. 하지만 현재 우리의 모습에서 예술이 어렵고 딱딱하다는 인상을 깨는 것은 쉽지 않다. 이처럼 대중이 문화와 예술을 가까이할 수 없는 구도가 문화적 대물림으로 후대까지 영향을 미칠 것이라고 생각하면 정말 끔찍한 일이 아닐 수 없다.

우리는 미술관의 가장 큰 즐거움인 '보는 즐거움'에서 한발 나아가 '미술관에서 노는 즐거움'을 누릴 수 있는 감상자가 되어야 한다. 이것은 미술작품의 지식을 얻는 것 이상의 더 큰 가치를 불러올 것이다.

작가의 삶이 고달프면
명화가 탄생한다?

"작가의 삶이 고달플수록, 작품가는 비싸진다"

참으로 괘씸하고 아픈 말이지만, 화가의 삶이 힘들면 힘들수록 좋은 작품이 나온다는 것은 미술계에서는 마치 통념처럼 인식되고 있다. 실제로 불행한 작가의 삶은 대중들에게 신비감과 관심을 자아내며, 작품가나 그 작가의 경제적 가치에도 영향을 미친다. 예를 들어 고흐(Vincent van Gogh)의 불행한 삶이나, 피카소(Pablo Picasso)의 우울했던 청색시대의 작품 등 유명 화가의 살아온 삶에 대한 히스토리와 사후 평가는 실제로 작품의 경제적 가치에까지 크게 반영되었다.

'비운의 화가' 빈센트 반 고흐.

45

고흐는 경제적으로 매우 궁핍한 삶을 살았으며 정상적인 사랑 또한 하지 못했다. 그의 말년에는 급기야 정신병에 시달리며 자신의 귀를 칼로 잘라내는 광기를 보이기도 했다. 그렇게 생을 마감한 고흐의 작품들은 정열적이고 강한 색감과 독특한 붓 터치로 그를 신비의 화가로 우뚝 서게 했다. 또한 그의 작품은 최고의 경매가를 기록하며 미술시장을 압도시켰다. 현재도 고흐의 그림 중 몇 점은 여전히 세계에서 가장 비싼 그림 중 10위 안에 들어간다.

[06] 빈센트 반 고흐
〈밀짚모자를 쓴 자화상
(Self portrait with a straw hat)〉
1887, 캔버스에 유채, 41×33cm,
암스테르담 반 고흐 미술관

고흐의 작품을 사랑하기로는 뉴욕의 메트로폴리탄 뮤지엄이 유명한데, 2022년도만 해도 작품을 4점이나 소장할 정도로 깊은 관심을 보인다. 그중 특히 〈밀짚모자를 쓴 자화상(Self portrait with a straw hat)〉은 전시관의 중앙에 전시되어 있으며, 많은 사람들의 사랑을 받는다. 하지만 지금의 인기와는 달리 그의 생전에는 단 한 점의 작품만이 팔렸다는 일화는 이미 널리 알려져 있다.

세계에서 가장 비싼 화가라 불리는 피카소의 인생도 고흐와 크게 다를 것이 없다. 어릴 때부터 가난한 생활로 고생을 하며 살았던 피카소는 경제적 어려움과 친한 친구의 자살로 극도의 우울증에 빠진다. 이 시기가 바로 피카소의 작품에서 '청색시대'로 표현되는 시기다. 피카소의 청색시대 작품들은 주로 푸른빛이 돌며, 우울한 짙은 감성이 가득한 작품들이 주를 이룬다. 하지만 피카소의 작품 중 가장 비싼 작품 역시 바로 이 시기의 작품들이다.

우리나라의 경우도 예외일 수는 없다. 한국의 대표 국민화가인 박수근은 그림만 봐도 그의 삶이 얼마나 힘들고 고통스러웠을지 짐작이 된다. 현재 박수근은 우리나라에서 가장 비싼 화가 중 한 명이 되었으나, 그렇게 되기까지 그의 불행한 삶이 저변에 깔려 있음은 부정할 수 없다.

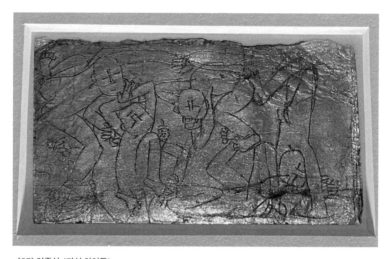

[07] 이중섭 〈다섯 아이들〉
1950년대, 은지에 유채, 8.5×15cm, 이건희 컬렉션

　　이중섭은 한국 근대미술의 대표 화가로 한국전쟁으로 인해 피난
생활을 하다가 생활고로 1952년 혼자만 제주에 남은 채 그의 일본
인 아내와 두 아들을 일본으로 보내는 생이별을 했다. 결국 그는 가
족을 만나지 못하고 영양실조와 간 경화로 1956년 생을 마감했다.
그의 작품은 대부분 애틋한 가족애가 묻어나는 그림이 많으며, 그
시절 가족에 관한 작품들이 가장 인기가 높다. 한국전쟁 당시 종이
를 살 돈이 없던 이중섭은 담뱃갑에 들어있던 은박지에 그림을 그
렸는데, 은지화는 그의 삶이 얼마나 궁핍했는지를 보여준다.

　　이처럼 작가들의 파란만장한 일생이나 고통스러운 삶, 자살이나
죽음 등과 같이 비극적이고 극단적인 요소는 미술작품을 평가하

48

는 데 있어 큰 영향을 미친다. 이러한 요소들은 잔인하지만 감상자들에게 신비감과 관심을 이끌어 내며 작품가에 영향을 주고, 나아가서는 '미술의 가치'까지도 결정을 짓는다. 실제로 앤디 워홀(Andy Warhol)은 어떤 예술가가 비운의 죽음을 맞았을 때, 신비로운 존재로 거듭날 수 있다고 생각해 "그게 나였으면 얼마나 좋을까"라는 표현을 쓰기도 했다고 전해진다.

화가의 불운한 삶의 스토리는 작품을 감상하는 사람들에게 더 깊이 있는 성찰과 진지한 자세를 갖게 하는 힘이 있다. 예를 들어 표현주의 화가 에곤 실레(Egon Schiele) 작품 세계의 저변에는 에로티시즘이 깔려 있다. 우리는 그의 작품을 보면서 왜 작가가 이런 예술세계를 보이는지 그가 살았던 삶을 통해서 유추해 볼 수 있다.

어릴 때부터 미술에 타고난 재능을 지녔던 에곤 실레의 아버지는 성병인 매독을 앓고 있었다. 이 무서운 성병은 그의 어머니에게까지 감염되었으며 누나도 선천성 매독으로 이른 나이에 사망했다. 매독 증세가 심해진 아버지는 직장도 잃고 정신적으로 고통스러운 시간을 보내다 죽게 되는데, 이러한 성병에 대한 뼈아픈 고통과 경험이 에곤 실레가 에로티시즘이라는 자신만의 예술의 꽃을 피우는 영감의 원천이 된 것이다.

이 같은 화가의 트라우마는 화가 자신에게는 매우 고통스럽고 힘겨운 일이다. 하지만 그 고통을 예술작품으로 승화한 화가들은 세계적인 작품을 남겼고, 이를 통해 우리는 깊은 감동과 감상의 즐거움을 느낄 수 있다. 화가의 불운한 삶은 매우 가슴 아프고 씁쓸한 일

이지만, 한 화가의 아픈 삶이 예술의 꽃을 피워내는 밑거름이 된다
는 점을 부정하기는 힘들 것이다.

이미지 시대,
회화적 언어가 답이다

시민사회가 성립하기 전, '글을 읽을 수 있다'는 것은 곧 권력을 가진다는 것을 의미했다. 하지만 보편적 교육이 확산되면서 이제는 모든 사람이 글을 읽고 쓰는 것이 '기본'인 세상이 되었다. 더 이상 글을 읽고 쓰는 것만으로는 세상을 움직일 수 없게 된 것이다.

과거 우리 문화가 문자로 대변되던 시대였다면 이제는 문자 대신 이미지를 중심으로 소통하는 시대가 되었다. 우리 주변의 수많은 광고만 봐도 알 수 있다. 이미지 한 컷으로 그 회사를 대변하거나 사진 한 장, 그림 한 장으로도 광고하고자 하는 제품을 추측할 수 있다. 또한 전시회장의 리플릿도 최근에는 전시 작품의 설명 대신 작품의 이미지만 넣어서 제작하는 모습을 보인다. 이처럼 이미지의 영역은 점점 광범위해지고 있으며, 문자가 사용되어야 할 자리마저 서서히 점령해 가고 있다.

시대가 발전할수록 이미지는 영역을 넓혀가고 있다. 하지만 우리가 그 이미지를 제대로 받아들이고 있느냐고 묻는다면 물음표를 던질 수밖에 없다. 우리에게는 여전히 이미지보다 문자가 익숙하다. 그 이유는 수많은 평론가, 비평가나 미학자 등의 전문가들이 이미지를 접하는 방법을 대중에게 잘못 인식시키고 있기 때문이기도 하다.

예를 들어 그림의 이미지를 읽을 때, 거기에 내포된 '철학적 의미'를 찾는 것이 마치 그 그림을 제대로 해석하는 방법이라는 편견이 있다. 물론 현대미술에서 철학적 의미나 화가의 의도를 찾아내는 것은 매우 중요하다. 하지만 그림이 가지고 있는 문화적 의미도 간과할 수 없다. 그런데 이러한 것들을 마치 책을 읽듯이 개념을 설명하거나 해석하는 방법을 주로 사용하는 것이 문제다.

다음 두 작품을 보며 생각해 보자.

[08]
데미안 허스트 〈신의 사랑을 위하여〉
2007, 플래티늄&다이아해골, 화이트큐브갤러리 런던

감상 1: 이 작품은 포스트모더니즘 아티스트 '데미안 허스트'의 작품으로 재료로는 사람의 두개골과 백금, 다이아몬드 8,601개가 쓰였다. 이 작품은 매우 그로테스크하며 당시 사람들을 충격에 빠뜨렸다. 이 작품의 메타포는 '메멘토 모리'라고 할 수 있다.

감상 2: 이 작품은 현대미술 작가 '데미안 허스트'의 작품으로 실제로 사람의 두개골의 표면에 백금을 입히고 8,601개의 다이아몬드를 박아 만들었다. 화려하면서 괴기스럽게 묘사되어 당시 사람들을 충격에 빠뜨렸다. 이 작품은 사람들에게 죽음에 대해 생각해 볼 수 있게 한다.

감상 3: 이 작가의 이름도 작품의 제목도 모르지만, 보석을 박은 해골의 형상을 보니 우리는 과연 죽어서도 화려할 수 있을까 하는 생각을 하게 된다.

여러분은 세 가지 감상 중 어떤 것이 더 익숙하고 친근하게 다가오는가? 아마 대부분은 '감상 3'을 꼽을 것이다. 감상 3은 바로 회화적 언어를 활용한 감상이다. 간단히 말하자면 회화적 언어란, 감상 3처럼 '이미지만 보고 바로 느끼는 직감적인 감상'을 말한다. 전문가가 아닌 이상, 작품을 두고 감상 1이나 2와 같이 이야기를 한다면

누구나 거리감을 느끼기 마련이다.

그림을 보는 방법은 글을 읽는 방법과는 다르다. 글은 개념을 알고 해석한 뒤 설명할 수 있으면 되지만, 그림은 그 그림을 볼 수 있는 '회화적 안목', 즉 회화를 읽을 수 있는 눈을 가져야 한다.

그래서 우리에게 회화적 언어의 습득이 필요한 것이다. 회화적 언어란 피카소의 큐비즘이나 운보의 바보산수 등의 회화를 구분하는 것처럼 새로 만든 용어나 개념이 아니다.

가령 시에서는 운율이나 규칙 등을 활용해 이미지를 형상화하여 독자들의 감성이나 상상력을 자극해 이미지를 해석한다. 하지만 회화를 읽을 때는 표현기법이나 구도 또는 미술사 등의 시대적 흐름을 파악하여 그 이미지가 주는 의미를 먼저 읽어낸 후, 그 이미지가 포함하는 현재 우리 사회의 문화를 읽어내야 한다.

쉬운 예로 프랑스 인상주의 화가 에드가 드가(Edgar De Gas)의 작품 세계를 읽는다고 가정해 보자. 그의 작품은 대부분 동시대 여성에 초점이 맞춰져 있다. 부유한 소수 귀족의 여성이 아니라, 발레리나를 비롯한 서커스 단원, 여가수, 세탁부 등 그 시대의 일반적인 여성을 그린다. 드가의 작품을 감상하고 있으면 이 여성들을 포근한 시선으로 바라보는 드가의 시선이 느껴지고, 그 시선은 오히려 애처로워 보이기도 한다.

그의 작품에서 우리는 왜 그런 감정을 읽을 수 있을까? 바로 드가가 중하류층 여성들의 삶을 그리면서 그들의 애환을 있는 그대로 표현했고 아픔에 공감했기 때문이다. 화가의 공감이 작품 속에 반영되었고, 우리는 시대를 초월해 당시의 시대상을 떠올리면서 작품을 감상하고, 또 공감하는 것이다.

물론 '회화적 언어'를 습득해 이미지 한 장을 읽어내기까지는 여러 단계를 거쳐야 하기에 오랜 시간이 걸릴 수도 있다. 이는 단순히 글을 읽는 것보다 복잡하고 어려운, 질적으로 수준 높은 과정이라고도 할 수 있다. 그럼에도 불구하고 우리가 회화적 언어를 습득하기 위한 노력을 해야 하는 이유는 현대 사회에서는 무언가를 드러내기 위한 표현의 매체로 대부분 이미지가 쓰이기 때문이다. 그래서 이미지를 읽는다는 것은 현재 우리 사회의 문화를 정확하게 파악하는 시각을 갖는 동시에 미래 문화의 흐름을 예측하게 하는 방법을 익힌다는 의미이기도 하다.

여러분은 어떤가? 세상을 움직이는 힘을 갖고 싶은가? 그렇다면 이미지를 읽는 눈, 회화적 언어를 익혀보자.

예술을 통한 사회 읽기, 그림 속에 담긴 메세지

초보 아트 컬렉터를 위한 멘토링

코로나19 바이러스가 한창 확산하던 해, 당시 미국의 트럼프 대통령은 코로나바이러스 확진 판정을 받았고, 그와 관련한 다양한 그림들이 SNS로 퍼져나갔다. SNS에 떠돌던 이미지는 예술가들이 트럼프 대통령의 코로나바이러스에 대한 조심성 없는 정책을 풍자한 작품들이었다.

이보다 앞선 2017년 2월 뉴욕에서는 미국 현대미술의 메카로 불리는 뉴욕현대미술관(MoMA)이 대통령의 반(反)이민 행정명령에 맞서 전시항거를 개최했다. 이 전시회의 백미는 전시관 한 층을 아예 보란 듯이 이슬람 국가 출신 작가들의 작품으로만 전시한 점이었다.

우리는 이런 예술가들의 활동을 보며 무엇을 알 수 있을까? 그것은 예술이 현시대의 불합리나 부조리한 사회 환경을 고스란히 풍자한다는 것이다.

지금도 세상의 수많은 예술가들은 자신이 살아가는 사회의 풍요 속 비정함을 포착하며, 자본주의 사회에서 일어나는 온갖 부조리를 작품을 통해 표현하고 있다. 물론 뉴스매체를 통해 보여주는 직접적인 방법이 아닌, 예술적 능력을 통한 간접적인 방식이다. 이것은 단지 최근에서야 일어난 특별한 이야기는 아니다.

머나먼 원시 시대에도 동굴 벽화에서 샤머니즘이라는 종교적 영향이 드러났으며, 르네상스 시대의 회화에서는 종교 개혁을 비롯한 프랑스대혁명, 독일의 표현주의에서는 1 · 2차 세계대전, 그리고 미국의 독립과 노예해방을 거쳐 현대 사회에 이르기까지 미술사는 하나의 큰 흐름으로 역사와 어깨를 나란히 하고 있다.

우리나라도 마찬가지다. 선사 시대 때부터 만들어진 투박한 예술품들을 시작으로, 삼국 시대 왕의 무덤 속 벽화를 통해 당시 시대의 생활상이나 사회상을 알 수 있다. 고려 시대의 정치 상황과 사회가 고스란히 드러나는 불교미술도 남아 있고, 조선 시대에 등장한 민화를 통해서는 서민의 삶을 엿볼 수 있다. 일제 강점기에는 나라를 빼앗긴 슬픔에서부터 항거하던 그림까지 당시의 시대적 정신이 묻어나고, 지금의 동시대미술에서는 인종, 생태, 환경, 역사, 젠더에 이르기까지 현대 사회의 다양한 이슈에 맞는 작품들을 볼 수 있다.

이렇듯 우리는 예술을 통해 그 시대를 볼 수 있으며, 철저하게 사실만 기록된 역사에서는 찾아보기 힘든 당시의 민중의 감정이나 시대적 분위기까지 충분히 짐작할 수 있다. 또, 전쟁과 폭력, 정치적 억압이나 사회적 비극 등이 내재된 작품들은 현대 사회를 살아가는 우리에게, 내가 어떤 역사의식을 가지고 살아가는 게 옳은지에 대한 의문과 더불어 탐구의 길을 모색할 수 있게 도와준다.

그렇다. 예술은 역사와 그 궤를 함께하며 누군가에게는 공감을, 누군가에게는 위로를, 또 다른 누군가에게는 세상을 일깨워 준다. 때로는 사적인 의견을 대변하기도 하며, 때로는 아고라와 같은 광장의 역할을 한다. 세상을 향한 직접적인 외침 대신 소중한 메시지를 담고, 절대다수에 의해 정해진 룰(Rule)과 그 룰에서 상처받은 인간의 내면을 표출하고 회복시키는 힘도 가지고 있다. 그렇게 세상을 고치지는 못해도 변화시키는 힘을 예술은 가지고 있는 것이다.

그래서 예술작품을 대하는 우리의 태도가 더욱 중요하게 다가온다. 예술을 감상하는 목적은 각기 다르겠지만, 최소한 예술을 유희만으로 전락시키는 것은 절대 좋은 방향이 아니다. 예술이 오직 유희가 된다면 이것은 그저 특별한 사람들만의 고상하고 이해하기 어려운 취미로 전락하기 때문이다. 최소한 우리가 예술을 사회를 읽는 중요한 수단으로 받아들인다면, 이것은 더 이상 우리의 삶과 동떨어진 것이 아니게 된다.

예술을 통해 사회를 읽고 공감하기 위해서는 시대를 담은 배경지식도 필요하다. 어떠한 도구를 다루기 위해서는 그 도구의 사용법을 알아야 하듯, 제대로 그림을 보기 위해 조금만 더 노력한다면 주체적으로 그림을 감상하고 시대를 읽는 눈을 키울 수 있을 것이다.

02

알아두면 도움 되는

미술인문학

예술의 본질
파헤치기

예술과 예술이 아닌 것

변기도 예술작품이 될 수 있을까?

현대미술에 조금만 관심이 있는 사람이라면 말도 많고 탈도 많았던 마르셀 뒤샹(Marcel Duchamp)의 〈샘(Fontaine)〉이라는 작품을 알 것이다.

앙리 로베로 마르셀 뒤샹. 그는 다다이즘(Dadaism)과 초현실주의 (Surealism) 작품을 많이 남긴 프랑스의 화가로 1917년 공장에서 대량 생산한 남성용 변기에 R. Mutt라는 가짜 서명을 한 후 이를 전시회에 내놓았다. 당시 관람객은 그저 평범한 변기에 불과한 이 물체를 미술작품 감상하듯 신중하고 진지한 표정으로 감상했다. 전시가 끝날 때 뒤샹은 이 〈샘(Fontaine)〉이라는 작품에 대해, "뮤트 씨가 이러한 작품을 만들었든 아니든 그건 중요치 않다. 중요한 것은 이것을 선택했다는 것이다. 그는 일상의 물건을 거꾸로 세우면서 원래의 사용 목적은 제목 뒤로 사라졌으며, 이 물건에 새로운 생각을 창조해 냈다"라고 말했다.

이처럼 뒤샹은 '선택'과 '새로운 의미'를 언급하며, 무엇이든 '선택'되어 '새로운 의미'가 부여된다면 이것도 하나의 예술작품으로 탄생한다고 강조한 것이다.

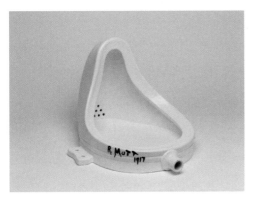

[09]
마르셀 뒤샹 〈샘(Fontaine)〉
1917, 레디메이드, 게티미술관

그렇다면 예술작품과 예술작품이 아닌 것의 경계와 그 차이는 무엇일까?

예술은 일단 '비목적성'을 나타내야 한다. 물론, 상업을 기반으로 한 예술도 있지만, 특정 예술품이 판매는 가능할지라도 예술 자체가 상업적인 목적을 가져서는 안 된다. 이는 예술이 광고가 될 수는 있으나, 광고가 예술이 될 수 없는 것과 같은 이치다. 만약 작품 창작의 계기가 수익 창출을 목표로 하고 있더라도, 예술작품 자체에는 오로지 순수성만이 내재되어 있어야 한다.

그리고 예술에는 '의미부여'가 되어야 한다. 예를 들면, 이우환 화백의 〈조응〉이라는 작품은 흰 캔버스 위에 점이 1개, 혹은 2개 정도 찍혀 있다. 그림 자체는 아주 단순해 보이지만, 작품가는 거의 수억 원대에 달한다. 고작 점 한두 개에 이토록 가치가 높은 이유는 무엇일까? 답은 간단하다. 이우환 화백의 인고와 번뇌의 시간이 그 획속에 담겨 있기 때문이다. 즉 작품 안에 작가의 철학이나 작가가 부여한 의미가 존재하기에 가능한 일이라는 말이다.

그럼 우리도 무언가를 선택한 후, 그것에 새로운 의미를 부여한다면 예술작품이 될 수 있을까? 아쉽게도 우리는 R. Mutt 뒤에 감춰진 뒤샹이 아니다. 물론 뒤샹의 작품 〈샘(Fontaine)〉을 뒤샹보다도 더 멋지게 표현해 낼 수 있는 사람도 분명히 있었을 것이다. 하지만 이 평범한 남성 변기가 〈샘(Fontaine)〉이라는 작품으로 태어난 것은 뒤샹이라는 예술가의 손길이 닿았기에 가능했다. 가끔 어린아이의 그림과 같은 드로잉에 피카소의 서명이 들어가 있다는 이유만으로 그 가격이 경매에서 천정부지로 치솟는 이유와 같은 이치다.

우리는 종종 전시회나 아트페어에 가서 작품을 보며 "에이~ 저런 건 나도 그리겠다"라는 농담을 하기도 한다. 하지만 우리는 그와 똑같은 작품을 백 번을 그려도 소용이 없다. 우리는 그 예술가가 아니기 때문이다. 물론 예술가라고 해서 뒤샹처럼 선택과 새로운 의미만 부여하면 모든 것이 예술작품이 되는 것은 아니다. 예술이라는 것은 어느 정도 예술가로서 인정받는 단계에 이르고 나서야 뒤샹과 같은 '의미부여'가 가능하다.

'의미부여'를 하는 예술가로서의 인정을 받기 위해서는 반드시 거쳐야 하는 과정이 있다. 바로 자신의 작품에 대해 비평을 받는 일이다. 비평이란 작품과 작가를 평가하는 기준을 말한다. 비평의 기준은 시대에 따라 다르며, 그 내용이 좋고 나쁘고를 떠나 비평의 중심에 있는 작품은 논란을 일으키든지 아니면 뜨거운 관심을 모으며 대중에게 알려진다. 즉, 비평은 예술가의 인지도나 명성을 결정하는 데 중요한 역할을 한다. 따라서 많은 예술가들은 유명한 비평가에게 좋은 비평을 받길 희망한다.

그렇다면 어떤 예술작품이 훌륭한 작품으로 인정받을 수 있을까? 이것은 매우 복잡한 문제다. 비평가들마다 관점도 다르고 주장도 다르며, 시대나 상황에 따라 그 가치 또한 변할 수 있기 때문이다. 사실 뒤샹도 〈샘(Fontaine)〉이 세상에 빛을 보기 이전에 자신이 출품한 작품에 대해 혹평과 무시를 당했던 전력이 있다. 가장 대표적인 예가 움직이는 입체주의의 시초가 된 〈계단을 내려오는 나체 Ⅱ〉라는 작품이다.

1912년 스물다섯의 젊은 뒤샹은 당시 유행하던 입체주의(Cubism)를 넘어선 움직이는 입체주의를 창안해 이 작품을 파리 '살롱 데 앙데팡당(Salon des indeqendants)'에 출품한다. 뒤샹은 야심 차게 준비한 작품을 기세등등하게 출품했지만, 행사 주최 측에서 〈계단을 내려오는 나체 Ⅱ〉를 전시에서 제외하라고 명령했다. 그 이유는 다름 아닌 기존 입체주의 작가나 비평가들의 반발을 샀던 것이다. 기존의 입체주의는 멈춰 있는 정적인 대상을 여러 시점으로 분석해 화면에 구성했는데, 뒤샹은 움직이는 대상에 입체주의를 접목하는 발상의 전환을 보였기에 그 점이 기존 체제에 대한 도전이자 건방짐으로 받아들여진 것이다.

뒤샹은 진보적이고 개방적이라고 하는 아방가르드(Avant-garde) 미술계의 모순에 실망했지만, 그의 도전과 창조 정신은 거기서 그치지 않았다. 오히려 그 사건을 계기로 삼아 기존 미술계의 모든 것을 거부하겠다는 생각을 예술 정신의 모토로 삼았다. 이런 정신으로 탄생한 것이 〈샘(Fontaine)〉이라는 작품이고, 이로 인해 뒤샹은 오늘날 현대미술의 씨앗을 뿌린 작가로 평가받는 것이다.

이처럼 비평이라는 것은 절대적인 기준이 있는 것이 아니다. 시대에 따라 비평의 기준이 변할 수 있고, 어떤 작가가 어떤 메시지를 던지느냐에 따라 비평이 달라지기도 한다. 하지만 기준은 변할 수 있더라도 비평은 기본적으로 예술과 예술이 아닌 것을 판가름하는 토대를 마련해 준다. 비평의 과정은 예술사에 남아 있게 될 작품들을 걸러내는 과정이기 때문이다.

예술작품으로서 높은 가치를 인정받고 좋은 비평을 받는 작품에는 공통적으로 '뛰어난 독창성'이 있다. 전무후무한 '독창성'이 비평의 대상이 되기에 예술가들은 독창적인 자신만의 작품을 만들기 위해 고군분투한다.

초보 아트 컬렉터를 위한 안토림

이처럼 예술과 예술이 아닌 것은 작게 보이지만 매우 큰 차이가 있다는 것을 알 수 있다. 예술은 작품으로서 비목적성을 나타내고 의미부여가 되어야 하며, 그 작품을 만든 사람이 의미부여를 할 수 있는 예술가로서의 인정을 받아야 진정한 예술품이 탄생하는 것이다.

예술에 내재된 정신(精神)

예술에는 예술가가 부여한 의미가 있다. 미술품에 대한 의미부여는 다른 말로 예술품에 깃든 예술가의 정신이라고도 할 수 있다. 예술가는 자신의 정신이나 자신이 소유한 상(想)을 작품을 통해 대중에게 제시하고자 한다. 문학은 언어를 통해 아름다운 문체나 묘사로 정신을 표출하고, 음악은 작곡과 연주를 통해, 미술은 형태와 색을 화폭에 나타냄으로써 이를 표출한다. 단지 매개체가 무엇이냐의 차이일 뿐 맥락은 같다.

예술은 지각을 감성으로 나타내는 행위다. 예술가들은 자신만의 감성적인 작업을 통해 자신의 지각을 나타내려고 노력한다. 그들이 작품에 대한 방향이나 내용, 목표, 목적과 의미를 표현하기 위해 수천 번도 넘는 고뇌를 하는 까닭은 작품과 자신의 관념의 완벽한 균형을 최대치로 끌어올리기 위한 갈망이라고 볼 수 있다.

가령 '예술의 꽃'이라고 불리는 건축에도 당시 만든 사람들의 정신과 관념이 내재되어 있다. 하나의 건축물 안에는 미술, 음악, 역사, 철학 등 모든 예술 분야가 총망라되어 있기에 건축을 예술의 종착지, 즉 예술의 종합체라고 한다. 고대의 대표적 건축 예술로 그리스의 신전을 꼽을 수 있는데, 당시 그리스인들은 신화를 배경으로 높은 산 위에 많은 신전들을 세웠다. 그들은 신전의 기둥의 끝부분에 아름다운 조각들을 만들어 넣었으며, 그들이 생각하는 신을 가장 아름답게 조형물로 만들어 냈다. 로마에서는 신의 은총과 교회의 정신을 표현하기 위해 로마 교회를 중심으로 조각과 회화가 발전했으며, 르네상스 시대에는 인간의 지적·창조적 힘을 부흥시키기 위한 문화와 예술이 발전하고 아름다운 궁전도 많이 만들어졌다. 이처럼 시대와 장르를 불문하고 모든 예술작품에는 예술가가 부여한 의미와 정신이 깃들고, 작품과 관념의 균형을 이루기 위해 노력하는 것이다.

예술작품을 감상할 때 우리는 완성도가 높거나 낮다고 표현한다. 여기에서 말하는 '완성도'는 작품의 구도나 스킬이 아니라, 작품의 외관과 그에 내재된 관념의 조화를 의미한다. 즉, 이러한 조화가 잘 이루어질 때 예술가와 작품, 그리고 감상자의 본질에 대한 사유가 더 수월해진다.

예술작품은 단순한 사물이 아니다. 이것은 작가의 관념을 나타내기 위한 것이다. 하지만 관념만으로 현실에서 힘을 드러내기는 거의 불가능하기에 작품이라는 외관의 힘을 빌려 관념을 나타낸다. 흔히 추상이 가장 어렵다고 말하는 것도 바로 이러한 이유에서다.

　그렇다면 예술가들의 관념이란 무엇일까?

　관념은 생각이다. 생각은 각기 다르기에 예술가들이 예술작품을 통해 표현하고자 하는 관념도 모두 같을 수 없다. 또, 예술가라고 해서 언제나 창의적인 생각을 하는 것이 쉬운 것은 아니며 고정관념이 없는 것도 아니다. 그래서 예술가들의 기발한 발상을 대단한 일이라고 인정하는 것이다. 보통 예술작품에는 기존의 고정관념을 깨는 작품들이 많다. 혹은 기존 사회에 대한 반향이나 사회질서에 대한 부정, 인간의 삶에 대해 비판하는 작품들을 제작한다.

　그렇게 탄생한 예술작품은 자립적인 개체가 되며 정신을 함유한 힘을 갖추고 대중의 정신에 환기하거나 오염시키는 존재가 된다. 예술에서 '정신적인 것'이란 바로 이런 것이다.

　하지만 우리는 작품을 감상하면서 대부분 그 내용만을 보고자 하지, 그 이상은 추측하기 힘들다. 작품의 형식이 완벽할 정도로 표현되었다고 한들 우리 눈에는 잘 표현된 그림 한 장으로 보일 뿐이다. 그래서 작품의 관념까지 유추하기 위해 우리가 작품을 감상하고 대하는 방법을 안다면 도움이 될 수 있다.

　생각처럼 어려운 일도 아니다. 작품을 대할 때 사람을 대하듯 작품을 대하면 된다. 흥미로운 사람과 대화를 나눌 때, 우리는 그 사람의 상태나 감정, 내적인 사고 등에 관심을 두며 상대를 대한다. 그렇게 나눈 대화는 그 사람을 좀 더 잘 알게 되는 계기가 된다. 예술작품을 대할 때도 이와 같은 방식으로 대한다면 그 작품이 품고 있는 정신적인 것들에 조금 더 가까이 다가가며, 내 사유의 성숙도 이룰 수 있게 될 것이다.

미술의 창조성,
예술가의 소통법

미술의 창조성

"훌륭한 예술가는 모방하고, 위대한 예술가는 훔친다"

창조의 대명사인 피카소(Pablo Picasso)의 말이다. 『잡스처럼 일한다는 것』이란 책에서 스티브 잡스(Steve Jobs)가 인용한 문구이기도 하다.

가끔 그림을 보다 보면 우리가 '같은 그림'이라 혼동할 수 있는 '닮은 그림'이 수없이 많다. 그림의 주제는 달라도 그림이 가진 분위기가 닮아 간혹 한 사람이 그린 작품으로 혼동하기도 한다. 보통 스승과 제자 사이의 그림이 비슷한 경우도 있고, 예술가 사이에서 특정 예술가를 존경하다가 비슷한 화풍의 그림을 구현하는 경우도 있다. 하지만 감상자의 입장에서는 비슷한 그림을 보면, 마치 독창성

69

이나 창의력이 부족한 그림인 것처럼 느껴져 마음이 불편할 수밖에 없다.

예술의 목적은 '새로움을 창조하는 것'이다. 그래서 작품 안에서 그동안 본적 없었던 생소함을 발견했을 때 우리는 그 작품을 창의적이라 생각하고 예술작품으로 인정하며 고개를 끄덕이게 된다. 작가들도 마찬가지다. 그들은 '창조'라는 예술의 목적에 부합하기 위해 남들이 하지 않는 새로운 소재나 주제를 찾으려고 노력하며 창작의 고통에 시달린다.

마르셀 뒤샹(Marcel Duchamp)의 작품 〈샘(Fontaine)〉을 두고 생각해 보자. 뒤샹의 이 작품은 그저 '변기'를 가져다 놓은 것으로 예술작품이 된 것은 아니다. 그것에 내재된 의미와 시대적이고 사회적인 맥락이 있으며, 그로 인해 참신한 창조성을 드러낸다. 사실 뒤샹은 본격적인 예술가의 삶을 살기 전 몇 년간 풍자만화가로 일했는데 이때 세상을 자기만의 시각으로 보며 비판적인 사고의 힘을 기른다. 기교를 바탕으로 하는 기술력보다는 기존의 틀을 깨는 사고력이 예술세계에 더 중요하다는 것을 깨닫게 된 것이다. 이러한 그의 경험과 새로운 시각, 그리고 진지한 성찰이 있었기에 그의 손을 거치며 '변기'도 하나의 창조물로 탄생하게 된다.

예술에서 항상 새로운 주제를 사용한다는 것은 사실상 불가능하다. 실제로 같은 주제를 수만 명의 예술가들이 사용한다고 해서 예술로서의 가치가 떨어지는 것도 아니다. 작품의 주제에서 그것을 누가 먼저 시작했느냐는 전혀 중요하지 않다. 익숙한 주제더라도 '작가적 시선'과 '작가의 사유'에 집중할 필요가 있다.

[10]
빈센트 반 고흐
〈낮잠(The Siesta)〉
1889~1890, 캔버스에 유채,
91×73cm, 파리 오르세 미술관

[10-1]
밀레 〈낮잠(The Siesta)〉
1866, 종이에 파스텔,
29.2×41.9cm, 보스턴 미술관

밀레(Jean François Millet)와 <u>고흐</u>(Vincent van Gogh)는 〈낮잠(The Siesta)〉 이라는 주제로 그림을 그렸다. 이 두 작품은 주제, 소재, 구도 등 거의 대부분의 요소가 흡사하다. 그림만 봐도 둘 중 하나가 모방이라는 것을 알 수 있다. 그럼에도 불구하고 이 두 작품은 모두 세계적으로 유명하며 모두에게 사랑을 받는다. 사실 '고흐의 〈낮잠(The Siesta)〉'은 밀레를 존경하는 의미에서 고흐가 모방한 작품이다. 거의 대부분을 똑같이 그렸으나 고흐의 작품은 고흐만의 독특한 색채감을 강하게 나타내면서 서정적인 밀레의 작품과 대조를 이룬다. 즉 고흐만의 차별화된 '작가적 시선'과 '작가적 사유'가 있었기에 가능했다.

이뿐만 아니라, 르네상스 3대 거장인 레오나르도 다빈치, 미켈란젤로, 라파엘로도 마찬가지다. 레오나르도 다빈치와 미켈란젤로 모두를 존경했던 라파엘로는 레오나르도의 스푸마토(Sfumato)와 미켈란젤로의 인물표현법 등을 모사했다. 하지만 그는 완벽히 자신만의 스타일의 그림을 만들어 냈다. 둘의 작품을 모방하면서도 작품 안에서 자신만의 확고한 작가적 시각을 보여준 것이다.

이처럼 세상에는 비슷한 작품들은 얼마든지 존재한다. 그런데 신기하게도 이들 중 현재까지 예술로 인정받으며 탄성을 자아내는 작품들에 대해 탐구해 보면 공통점이 존재한다.

그것은 과거부터 현재까지의 그들은 모두 성실했으며 순수하였고, 예술 활동에 임하는 태도 또한 매우 진지했다. 또 그들은 작품에 대한 끝없는 연구와 순수하고 진지한 노력을 평생 기울였다. 그림을 그리면서 끝없는 실험을 통해 자신만의 독자적인 스타일을 완성한 것이며, 이러한 과정은 결국 그들을 새로운 창조자로 만들어 냈다.

미술가,
예술을 통한 시대와의 소통

그렇다면 미술가들은 '작가적 시선'과 '작가의 사유'를 가지고 무엇을 어떻게 창조하는 것일까?

예술가들이 작품을 통해 추구하는 것은 수없이 많다. 작가는 개인의 경험이든 사회현상의 탐구든 자신만의 사유의 과정을 거쳐 작품을 세상에 내놓는다. 사유의 결과물은 진정한 인간애의 추구일 수도 있고, 부조리한 세상을 향한 비판적인 목소리일 수도 있다. 어쨌든 미술가는 작품을 통해 세상과 자신, 그리고 감상자를 연결하며 시대와 소통한다.

흔히들 "미술은 시대상을 반영한다"고 한다. 모든 예술작품이 시대를 반영하는 것은 같지만, 시대를 반영하는 시선과 사유는 작가마다 다르다. 몇몇 작가의 이야기를 통해 이해해 보자.

팝 아트의 창시자인 앤디 워홀(Andy Warhol)은 대중미술을 선두 지휘하며 '상업 예술'을 선보인 유명한 예술가다. 그는 자신의 작업실을 '팩토리(공장)'라고 이름 짓고, 작품을 제작하는 데 도움을 줄 조수백 명을 고용하여 마치 공장에서 물건을 만드는 것처럼 작품을 찍어냈다. 그는 당시 '순수 예술은 고급 예술이고, 상업 예술은 저급 예술이다'라는 기존의 논리를 깨며 세계 유명 예술가 반열에 올랐으며, 현재는 20세기 가장 영향력 있는 예술가 중 한 명으로 기억되고 있다.

앤디 워홀이 유명 아티스트로 거듭난 데에는 당시 그를 둘러싼 시대 상황이 그가 추구하는 예술과 잘 맞아 떨어졌기 때문이었다. 그가 대학을 졸업하던 1950년대의 미국은 2차 세계대전을 거치며 세계 최강국이 되었다. 당시 공장에서는 대량상품을 생산했으며 이를 판매하기 위한 광고를 찍어내기 시작하면서 상업적인 이미지가 범람했다. 자연스럽게 미국의 대중은 소비를 촉진하는 쾌락적 상업 이미지에 둘러싸여 있게 된다. 이를 잘 포착해 낸 워홀이 '대량미술'을 추구하며 미술에 있어서 전에 없던 새로운 분야인 '대중미술'을 창조해 냈다. 즉 대중이 원하는 향락적인 이미지를 제공하며 시대와 소통했던 것이다.

〈절규(The Scream)〉라는 작품으로 유명해진 에드바르트 뭉크(Edvard Munch)는 시대상이나 사회상을 포착해서 그림을 그렸다기보다는 '자신의 삶'을 바탕으로 개인사에 초점을 두며 예술관을 표현했다. 뭉크는 80여 년의 삶 동안 무려 2만여 점이라는 엄청난 양의 그림을 그렸으며 당시 대중에게도 큰 사랑을 받았다. 노르웨이의 빈민가에서 태어난 뭉크는 5세 때 어머니를 결핵으로, 13세 때 누나를 폐병으로 잃으며 너무 어린 나이에 가장 가까이에서 죽음을 경험한다. 그래서 그의 그림 속에는 늘 죽음의 공포와 불안감이 내재되어 있으며, 이것이 곧 표현주의 방식에 의한 뭉크만의 독특한 화풍으로 창조되었다. 현재 뭉크의 작품 〈절규(The Scream)〉는 각종 대중매체를 비롯한 광고나 영화의 모티프가 될 정도로 널리 알려져 있다.

사실 뭉크의 작품들은 철저하게 자신의 경험이나 감정에서 비롯된 개인적인 것이지만, 그것은 대중이 일상에서 겪는 공포심과 같은 보편적인 감정이기에 시대를 넘어 현재까지도 그의 그림은 인기가 있는 것이다. 앤디 워홀의 작품과 뭉크의 작품은 일부 소수만 즐기는 그림이라는 사고를 깼으며, 대중이 공유하며 함께 시대와의 소통을 할 수 있었다는 점이 인기의 비결이라고 생각해 볼 수도 있다.

이들과 다르게 생전에는 전혀 인기가 없었지만, 사후에 그의 작품과 예술세계가 대중의 사랑을 받는 작가도 있다. 바로 빈센트 반 고흐(Vincent van Gogh)다. 그는 생전 단 한 점의 작품만 판매했을 정도로 당대 사람들에게 예술가로서 낮은 평판을 받았다. 그러나 현재 그의 작품은 '영혼의 그림'이라는 별명을 얻을 정도로 전 세계의 사랑과 칭송을 받고 있다. 그 이유 역시 고흐의 그림에는 당대 영혼을 바칠 만큼의 처절하고 치열했던 그의 삶과 간절함이 내재되어 있기 때문이다.

고흐는 당시 중산층의 평범한 가정에서 편안한 삶을 누릴 수 있었지만, 노동자들의 영혼을 위로하는 그림을 그렸다. 그림이 팔리지 않거나 지독한 가난 앞에서도 현실에 안주하거나 적절하게 타협하지 않고 끝까지 자신의 길을 고수했던 것이다. 이러한 열정과 따

뜻한 시선, 그리고 작품 속에 내재된 고흐의 고민과 번뇌가 현대 사회의 대중의 코드와 잘 맞아떨어져 명화로 남게 되었다.

　예술에는 시대가 변해도 변치 않는 중요한 가치가 존재한다. 그것은 예술작품이 우리 인간의 삶에 얼마나 큰 공감의 목소리를 불러일으킬 수 있을지에 대한 것이다. 이는 곧 그림에서 가장 중요한 것은 '시대와의 소통'이라는 것을 말해준다. 그림 역시 한 사람이 완성한 타인을 위한 수단이자 사회적 재화다. 더불어 '인간 보편의 감정과 삶에 대한 이해', 그리고 그에 대한 공감을 충분히 이끌어 낸다면 대중의 사랑을 받으며 시대의 정신을 대변하는 명화가 될 수 있다.

비싸다고
좋은 작품일까?

1990년 5월 뉴욕 크리스티 경매장에서 고흐(Vincent van Gogh)의 〈가셰 박사의 초상(Portret van Dr. Gachet)〉이 8,250만 달러(약 1,000억 원)에 낙찰되었다. 2004년 뉴욕 소더비 경매에서는 피카소(Pablo Picasso)의 〈파이프를 든 소년(Boy with a Pipe)〉이 1억 400만 달러(약 1,200억 원)에 낙찰되었다.

상상하기 힘든 낙찰가를 들었을 때 여러분은 어떤 생각이 드는가?

우리는 그림에 대해 말할 때, 제일 먼저 작품가를 이야기하는 경향이 있다. 대개 어떤 그림이 비싸다는 말을 들으면 그 작품은 미적인 퀄리티가 높고 훌륭한 작품이라고 생각하곤 한다. 하지만 반드시 작품가가 높다고 해서 그 작품의 완성도가 높거나 더 훌륭한 작

품은 아니다. 고흐의 경우, 그의 초상화가 〈해바라기(Sunflowers)〉나 〈
자화상(Self-Portrait)〉보다 더 비싸게 판매되었지만, 그렇다고 해서 초
상화가 더 나은 작품이라고 말할 수는 없다.

보통은 그림의 가격이 매겨지는 데 있어서 재료비나 원가는 중요
하지 않다. 그렇다고 작품의 완성도나 미학적 성취가 작품가를 매
기는 기준도 아니다. 기본적으로 '수요와 공급'이라는 시장경제원
칙을 따르긴 하지만, 좀 더 내밀하게 들여다보면 '그림의 가격'은 변
칙적 영역이다.

그래서 우리는 작품가에 따라 무조건적으로 그 가치를 인정하는
것을 지양할 필요가 있으며, 자신만의 방식으로 작품을 소장할 필
요가 있다. 이와 마찬가지로 현대의 화가들도 자신의 작품이 반드
시 고가에 팔려야 한다는 '상업주의'에 물드는 것을 항상 경계해야
한다.

화가들이 예술의 가치가 어디에 있는지 항상 고민하고 그 가치를
추구하는 작품 활동을 할 때 언젠가 대중이 작가와 작품의 가치를
알아줄 때가 찾아온다. 일단 예술의 가치는 '예술가의 진정성'이 바
탕이 되어야 한다. 그러기 위해서 예술가들은 자신의 작업에 대해
흔들리지 않는 강한 소신과 높은 자존감을 갖고 있어야 한다. 자신
의 예술이 존재해야만 하는 이유를 확실히 다져야 하며, 수많은 사
유를 통해, 과거의 예술과는 확실한 차별성을 두어야 한다.

사실 20세기 이전의 예술가들은 미적 가치에 대한 기준이 매우

엄격했으며 세속적 욕망을 철저하게 배제했다. 이러한 정신과 태도가 미술사를 만들어 냈으며, 현재까지도 그러한 화가와 작품은 훌륭한 역사로 기억되고 있다.

우리는 예술을 인간의 지각에 호소하는 일차적인 감각을 통해 받아들이는데, 이는 '예술의 특이성'이라고 할 수 있다. 미술품을 봤을 때 자신의 경험이나 기억 등이 작용하기 때문에 개개인이 좋아하는 미술품은 전부 같을 수 없다. 예술은 산수 추론능력을 해야 하는 수학도 아니고, 뉴턴의 작용-반작용의 법칙도 아니기에 자신이 이해하고 좋아하는 작품을 자신만의 방식으로 소장하면 되는 것이다.

예를 들어, 바스키아(Jean Michel Basquiat)의 그림을 보고 누군가는 낙서로 느끼는 반면, 누군가는 예술로 느끼는 것과 같은 이치다. 이처럼 예술의 정의가 따로 정해져 있는 것이 아니고 누구나 생각하는 바가 다르기에 작품가에 맞춰 그 아름다움을 끌어올릴 필요는 없는 것이다. 왜냐하면, 미술품의 가격이 높게 측정된 데에는 어떠한 관행이나 문화적이고 제도적인 것이 얽혀 있을 수도 있기 때문이다.

사실 백여 년 전 극소수의 몇몇만 인정하던 고흐나 피카소의 그림이 지금에 와서는 가장 인기 있는 작가가 된 이유도 당대에는 너무 난해했던 그들의 작품을 지금은 '있는 그대로 바라볼 수 있는' 예술의 특이성을 통해서다. 또한 앤디 워홀 재단과 미술관들이 앤디 워홀이 남겨놓은 유산으로 현재까지 유지될 수 있는 것도 앤디 워홀이 '예술의 특이성'을 잘 이용한 이유도 있다. 곰브리치(Ernst Gombrich)나 보링거(Wilhelm Worringer), 아른하임(Arnheim, Rudolf) 등 예술의 시각에 대해 제시한 그들의 이론 역시 그 바탕에는 예술의 특이성이 존재하고 있다.

그래서 진짜 좋은 작품을 선별하는 데에는 내면을 울리는 일차적인 감각을 대입해 작품을 감상하는 태도와 더 성숙한 심미감각이 필요하다. 그러한 감각으로 선택한 작품들이 길게 봤을 때, 좋은 결과를 가져올 수 있다.

대중은 변한다. 대중의 코드와 기호도 변하며, 유행도 변한다. 또한 시장의 가치도 영원하지 않다. 예술은 오락이 아니며 상업적 수단도 아니다. 그래서 어떠한 예술가들의 '솔드 아웃'이나, 미술 경매에서 높은 가격에 낙찰되어 유명해진 작가들의 이슈에 흔들리는 작가의 그림은 위험하다. 작품에 세속적 욕망이 들어가는 순간, 대중은 이를 외면하게 된다.

순수 예술과
대중 예술의 경계

'패스트푸드, 패스트패션, … 패스트예술??'

사회의 변화가 가속화되면서 무엇이든지 쉽고 빠른 문화가 각광받고 있다. 패스트푸드처럼 저가의 옷을 쉽게 입고 버리는 패스트패션은 이미 익숙해졌으며, 사회의 분위기도 무엇이든 쉽고 빠르게 이해하고 받아들이는 체계로 변화하고 있다.

요즘에는 예술 분야에도 그러한 형태를 대입하기 시작했다. 마케팅 시장은 예술가들에게 영감을 받아 시즌마다 새로운 아이템과 컬렉션을 제작해 이를 판매하고 있다. 이에 대중은 비싼 미술품 대신 가격이 훨씬 저렴한 아트 상품이나 한정판 판화 등을 소유한다. 대리만족을 할 수 있으니, 소비자 입장에서는 나쁠 것이 없다.

하지만 도상만 바꿔 끝도 없이 찍어대는 한정판 판화들과 아트 포스터 등은 작품을 통해 자신의 정신적인 세계와 내면을 표현하는 순수 예술과는 거리가 있다. 최근의 이런 경향은 대중의 입맛과 유행에 따라 빠르게 변하는 상업 위주의 작품을 형상화하면서 많은 예술가가 난관에 빠지는 상황을 만들었다. 이 속에서 지금도 많은 작가가 순수 예술과 대중 예술의 선상에서 아슬아슬한 줄타기를 한다. 장르를 넘나드는 작업은 결국 작품의 희귀성은 줄고 작품의 가치도 낮게 하는 방향으로 나아가게 한다.

사실 순수 예술과 대중 예술의 경계를 분명히 나누는 건 모호하다. 전문가 중에서는 가까운 미래에 곧 순수 예술과 대중 예술의 경계가 허물어질 것이라고 보는 견해도 있다.

앤디 워홀(Andy Warhol)은 "순수 예술은 죽었다"며 신문광고 등을 그대로 찍어내는 실크스크린을 작품이라고 내놨다. 하지만 워홀의 작품은 대중의 사고력 부재로 인해 팝 아트가 이 시대에 용인된 것이었고, 시대적 문제점을 정확하게 짚은 것이었다. 또 그는 스스로가 대중 예술을 추구했다. 물론 현재 그의 작품은 너무 비싸서 세계적인 부자가 아니고서는 소장은 꿈도 꾸기 힘든 고급 예술이 되었지만 말이다.

연예인 작가의 경우도 마찬가지다. 어떤 스타 작가는 뛰어난 실력으로 그의 작품을 인정받기도 하지만, 반대로 실력이 없는데도 연예인이라는 유명세를 이용해 작품이 대중에게 사랑받기도 한다. 이런 점에서 보면, 현대 사회에서 순수 미술과 대중 예술의 경계를 분명하게 구분 짓는 것은 의미 없는 일이기도 하다.

이 같은 현상은 예술의 세계에서 예술성(Artistry)과 대중성(Popularity)이 공존할 수 있느냐는 문제로 귀결된다. 예술 분야에서 예술성과 대중성에 대한 평가는 물과 기름처럼 상반되는 의미로 사용되어 왔다. 보통 흥행과 이익 등 상업성에 연결된 부분은 '대중성'으로, 상업성을 배제한 순수한 평가는 '예술성'으로 규정지었다. 이로 인해 세상의 모든 예술가는 예술성과 대중성의 경계에서 늘 고민하고 있다.

'대중성'은 20세기 산업화로 인해 도시에 인구가 집중되면서 발생한 개념이다. 이때부터 다수를 지칭하는 대명사의 개념으로 사용되었으며, '대중문화'는 많은 사람들이 좋아하는 다수의 문화이자 대량 소비가 가능한 문화로 인식되었다.

반면 '예술성'은 주로 소수가 즐기는 고급문화에 좀 더 자주 쓰이는 표현이다. 사실 고급문화의 범위를 규정하기에는 그 경계에 모호함이 따르지만, 사전적 정의로 봤을 때 소수의 지식인이 생산하고 향유하는 문화를 말한다. 즉 순수 미술이나 클래식, 음악이나 오페라 등의 희소가치가 높고, 동시에 가격대가 높은 소수의 사람이 즐기는 문화예술을 의미한다.

예술가들은 이 두 가지 개념을 모두 만족시키는 작품을 만들기를 희망하지만, 그 상반된 개념들이 작품 안에서 공존하기란 결코 쉽지 않은 일이다. 예를 들어 영화의 영역만 봐도 예술 영화와 상업 영화로 나눠 평가하는데 흥행 성적에 따라 대중 영화와 예술 영화를 가르는 경향이 있다. 또 순수 예술은 예술성을 추구하는 쪽이 훨씬 높다 보니, 그에 대한 인식도 '특별함을 추구하는 소수의 사람이 즐기는 것'으로 생각한다.

그렇다면 예술성과 대중성의 공존은 어려운 것일까?

현대미술 이전의 미술사에서는 대부분 예술성이라는 가치를 추구했다. 그러나 현대미술이 등장하던 시기부터는 본격적으로 '대중성'을 추구하기 시작했으며, 그 중심 대상이 '대중'이 되었다. 현대미술의 창시자 앤디 워홀은 대중이 먹는 수프 캔을 예술로 제작했고, 뒤샹(Marcel Duchamp)은 철물점에 파는 변기에 서명을 해서 미술관에 전시했다.

이처럼 현대미술은 그 출발점에서부터 '대중성'을 추구해야 한다는 인식이 자리 잡았다. 물론 대중성만 있는 작품은 순간적이고 한시적인 유행을 따르는 경향이 있어 예술 전반의 분위기를 해칠 수 있다는 의견도 있지만, 예술성만 있는 작품은 아티스트 개인의 자아도취만으로 그칠 수 있다는 위험성도 있다.

여전히 예술계에서는 '대중성이 먼저인지, 예술성이 먼저인지'에 대한 논쟁이 있지만, 현대미술로서 인정받기 위해서는 어렵더라도 이 두 가지가 공존해야 한다. 무엇이 먼저인지 따지는 일은 '닭이 먼저인지, 달걀이 먼저인지'처럼 무의미한 일이다. 작품 안에서 대중성과 예술성의 조화가 잘 이뤄질 때, 그것이 현대미술로서 살아남을 수 있는 예술이 될 것이다.

자본주의 사회에서의
예술

"예술가들은 가난하다"라는 말을 들어본 적이 있는가.

현실에서 예술과 자본은 완전히 상반된 모습을 보인다. 세계적으로 유명해져서 부를 누리는 예술가들도 있지만, 이는 극소수에 불과하다. 대부분의 예술가는 좁은 작업실에서 생활고를 걱정하며 그림을 그리는 이미지로 우리에게 각인되어 있다.

예술에 있어 자본은 없어서는 안 되는 중요한 요소다. 자본은 예술을 생업으로 하는 전업 작가에게 창작의 안정성을 부여한다. 자본이 넉넉한 예술가들은 생계와 미래, 그리고 작품의 재료비 걱정에서 벗어나 자신의 에너지를 온전히 창작에만 쏟을 수 있다.

미술의 역사에서 자본은 어떻게 흘러왔을까?

미술사가 걸어온 길을 살펴보면, 화가를 후원하거나 작품을 구매하는 컬렉터는 미술사에서 중요한 역할을 담당했다. 가장 대표적인 후원으로는 '메디치 가문의 후원'이 있다. 세기의 천재 조각가 미켈란젤로(Michelangelo Buonarroti)는 메디치 가문의 '로렌초 데 메디치(Lorenzo de' Medici)'의 뒷받침이 없었다면 세계 미술사에 이름을 남기지 못했을 것이며, 세기의 명작인 〈최후의 심판(Last Judgement)〉역시 없었을 것이다. 현대에 들어서는 후원의 형태도 다양해졌다. 많은 기업이 문화재단을 세우거나 미술관과 공연장을 짓는 등의 파트너십을 맺어 진행하거나, 예술과 기업이 서로 돕는 형태의 상호후원으로 이뤄지는 경우가 많다.

이처럼 후원활동과 이로 인한 작품 거래가 없다면 미술의 역사도 없었을 것이다. 그런 관점에서 후원은 예술 생태계를 안정적으로 유지하는 중추적인 역할을 한다고 봐야 한다.

그렇다면 일반인도 후원이 가능할까?

보통은 후원이라는 단어 자체가 매우 부담스럽게 다가오기에, 나와는 상관없는 재력가의 몫으로 느껴지기도 한다. 그러나 어렵게 느낄 필요는 없다. 가격이 낮은 신진 아티스트의 작품을 구매하거나 화가가 자신의 작품을 직접 들고나온 아트페어에서 작품구매를 하는 것 또한 예술가들을 위한 작은 후원에 속한다.

유럽은 이런 후원에 대한 장치가 잘 마련되어 있는데, 3차 시장 이외에 개인거래도 활성화되어 있으며, 이미 판매된 작품들을 리세일하게 될 경우 아티스트에게 작품가를 더 지급해야 하는 추급권도 법으로 만들어서 실행하고 있다. 즉, 국가적인 차원에서 메세나 활동이 일어나고 있는 것이다.

메세나란 기업의 문화예술 지원 및 사회적 인도적 입장의 공식적인 예술 후원 사업을 의미한다. 관객이 그 역할을 넘어 후원자의 역할을 함으로써 예술가가 더욱 많은 관객을 만날 수 있도록 소통을 하는 역할을 해주는 것이다. 메세나의 대표적인 예로는 르네상스 시대 이탈리아의 메디치 가문과 메세나 제도를 탄생시킨 미국의 록펠러 재단 등이 있으며, 한국에서는 1994년 한국기업메세나협의회가 결성된 이후 현재까지 다양한 메세나 협회가 결성되어 문화예술 활동 지원 사업을 펼치고 있다.

메세나 사업은 대부분 선진국에서 활성화되어 있는데, 미국, 영국, 프랑스, 독일이 대표적인 나라다. 이들 나라는 문화예술 활동이 매우 활발할 뿐만 아니라, 국가 차원의 제도나 장치들이 잘 마련되어 있고, 기업들은 자발적 참여를 통해 예술가들을 향한 적극적인 지원을 아끼지 않는다.

물론 우리나라에도 예술인을 지원하는 예술인 복지법이 있다. 이것은 한 예술가가 생활고를 겪다 세상을 등진 이후 만들어진 법이다. 그러나 관련법은 시행되었지만 실질적으로 혜택을 받는 예술인은 드물며, 정해진 일부 창작 활동에만 국한되어 있는 등 조건도 매우 까다롭다. 사회적 풍토도 예술인 복지법이 정상적으로 작용하는 데에 방해가 된다. 일반 사람들도 생활고로 힘든데 예술인에게만 지원해 주는 법이 따로 있으니 불만의 목소리가 나오는 것이다. 이

처럼 여러 현실적 문제들로 인해 예술인들의 생활은 여전히 녹록지
만은 않다.

우리나라는 경제규모로는 세계 10대 강국이자 IT와 자동차, 반도
체 분야에서는 세계 최고의 기술을 가진 경제 선진국으로 불릴만한
위치에 서 있다. 그런데 유독 예술 분야의 후원과 지원, 육성에 있어
서만은 경제규모에 비해 너무 뒤떨어진다. 시장의 규모가 작고 지
원이 저조한 나라에서는 세계적인 거장이 탄생하기도 힘든 법이다.
창의적이고 자유로운 교육 환경, 국가의 예술인에 대한 탄탄한 지
원과 육성, 그리고 두터운 컬렉터층 이라는 3박자가 갖춰져야 예술
인들의 창의적인 작품 활동이 보장되며 그 나라의 문화 수준도 성
장할 수 있다.

"가난한 아티스트의 작품이 좋다"

이제는 이런 통념에서 벗어날 때도 되었다.

우리의 문화적 자부심은 생활고에 시달리는 예술인의 창작에서
비롯되는 것이 아니다. 예술인을 후원하고 진정으로 그들의 작품
을 사랑하는 데에서 문화적 성장의 꽃을 피울 수 있다는 점을 기억
하자.

현대 사회와
예술의 권위

고대 그리스 예술을 시작으로 로마네스크를 거쳐 고딕 예술과 르네상스 시기까지 예술이 추구한 것은 단 하나, '완벽한 아름다움'이었다. 물론 시대마다 미(美)의 기준은 다르지만, 당시 기준으로 '완벽미'란 화폭에 얼마나 실제와 똑같이 사물을 표현하느냐에 따라 결정되었다.

르네상스 시대, 원근법은 피렌체 학파를 중심으로 소수 엘리트만 구사할 수 있는 기술이었으나, 당시 객관적 묘사를 제대로 해내기란 결코 쉬운 일은 아니었다. 이렇게 확정된 완벽미의 기준은 16세기의 로코코 화가들에 의해 그 가치가 떨어지기 시작해서 17세기 계몽주의가 주장했던 주관적 사상과 인간의 평등과 개성이 인정받을 수 있는 변화를 예술까지 미치게 되었다. 이어 18세기 프랑스 혁명과 산업혁명은 결국 고전미술을 붕괴시켰다.

사실 그 어떤 화가가 카메라의 완벽미를 구사할 수 있겠는가? 결국 예술은 숭배의 대상이었던 신과 왕족, 귀족을 화폭에서 밀어내고 대중과 자연 등의 소재를 담기 시작했다. 사실상 이때부터 예술은 더 이상 권력의 상징이 아닌 비판의 대상이 된 것이다.

그리고 화가들은 더욱 새로운 것을 추구하기 위해 탐구하기 시작했다. 인상주의 이후, 입체주의(Cubism), 야수주의(Fauvism), 모더니즘(Modernism)을 거쳐 팝 아트(Pop-Art)에 이르기까지 예술의 모습은 고전 미술의 객관적 묘사에서 완전히 벗어나 주관적인 것에 의의를 두었으며, 내적인 표현과 창조에 중심을 두었다. 20세기에 들어와 2차 세계대전 이후에 허무주의(Nihilism)에 빠진 예술가들은 예술이 얼마나 허무한 것인지를 넘어 인간의 이성을 회의하는 수단으로 사용하기도 했다. 급기야 뒤샹(Marcel Duchamp)은 변기를 전시장에 들었고, 백남준은 전시장에서 피아노를 부숴버리는 퍼포먼스를 선보였다. 앤디 워홀(Andy Warhol)은 자신이 직접 그림을 그리지 않고 자신의 작업실을 팩토리라 이름 붙이고 조수들을 시켜 실크스크린 그림들을 복제하듯 찍어냈다. 그는 예술이 얼마나 허무한 것인지를 보여주었으며, 결국 고귀한 숭배의 대상이었던 고전예술을 난폭하게 끌어내렸다.

그러나 이러한 미술사에서의 변혁의 과정은 '예술의 대중화'라는 큰 성과를 거두었다. 이제 대중은 예술을 범할 수 있으며, 계층적 소통 대신 대중의 직접 참여가 트렌드가 되기에 이르렀다. 급기야 최근에는 기술마저 비약적으로 발전하여 딥 러닝이라는 인공지능(AI) 시스템을 통해 고흐와 같은 대가들의 화풍을 원화와 구분하기 힘들 정도로 거의 완벽한 작품을 구현한다. 이로 인해 예술의 입지는 점차 좁아지고 있으며 예술가들은 위협감마저 느끼고 있다.

또 예술은 대중에게 그 중심 가치 중 하나인 '신비성'을 더 이상 보여줄 수 없다고 해서 예술 몰락론을 주장하는 비평가들도 존재한다. 하지만 이러한 현상들을 결코 부정적인 관점으로만 볼 일은 아니다.

예술에서 절대 진리는 소멸되었지만, 예술은 여전히 대중을 감동시키며 감각을 깨운다. 예술은 시대의 변화에 따라 변하지만, 어떤 형태로든 소통하고 있으며 여전히 숭배의 대상이다.

단지 예술이 조금 더 예술답게 진화하고 있을 뿐이다.

PART 2

갤러리스트가
들려주는
K-ART 이야기

03

한국인도 잘 모르는

한국 미술

'본다' vs '읽는다', 한국화를 제대로 감상하려면

　　우리가 흔히 접하는 그림들은 대부분 서양화다. 현대미술시장에 나오는 절대다수의 작품이 서양화이니, 우리의 눈에 서양화가 익숙한 것은 당연한 일이다. 그래서 가끔 수묵으로 그려진 한국화를 대하면 어디서부터 보면서 어떻게 감상해야 할지 난감하다. 한국화를 자주 접하지 않으니 옛 그림이라 여기며 그저 어렵게만 인식하게 된다.

　그렇다면 한국화와 서양화는 무엇이 다를까?

　먼저 재료로 구분해 보자. 서양화는 천으로 만든 캔버스에 '젯소'라는 회벽의 느낌을 주는 재료로 바탕을 다진 후, 그 위에 작가가 원하는 재료를 얹는 형태로 작품이 제작된다. 이에 비해 한국화는 재료부터가 서양화와는 완전히 다르다. 우리가 어린 시절 서예를 할 때 사용했던 '화선지'가 캔버스 대신 사용된다. 그 위에 아크릴이나 유화물감 대신 '먹'이라는 동양의 재료로 작품을 그리는 것이 한국화다.

이처럼 서로 다른 재료는 사상의 차이로도 연결된다.

서양에서 자연은 정복의 대상이었지만, 동양에서 자연은 인간이 동화되어야 할 대상이었다. 가령 붓과 먹을 이용해 화선지에 그림을 그린 후, 그 속에 재료가 자연스럽게 배는 현상은 인간과 자연이 저절로 동화되는 동양사상이 드러난 부분이다.

감상에서도 표현의 차이가 있다. 우리는 주로 서양화를 감상할 때는 '본다'라는 표현을 쓰는데, 한국화를 감상할 때는 '읽는다'라고 한다. 서양화는 우리의 눈앞에 있는 대상을 있는 그대로의 대상으로 보게 하지만, 한국화는 그림 속 대상이 의미하는 것이 무엇인지 파악하며 감상하게끔 한다.

예를 들어, 서양화에서 구름이나 바위가 그려져 있으면, 그것은 구름과 나무의 자연물을 있는 그대로 표현한 것이며 보이는 그대로 감상해도 좋다. 그러나 한국화에서는 구름은 '영원불변'을, 바위는 '굳건한 인간의 심정'을 나타내는 의미를 내포한다. 즉 한국화에서 구름이나 바위 등의 소재는 의미를 드러내는 도구로 쓰이는 것이다. 이처럼 한국화를 감상할 때는 그 소재가 의미하는 것이 무엇인지 파악하는 과정을 거쳐야 하기에 '그림을 읽는다'라는 표현을 쓴다.

한국화는 '정신'을 중요시하는 그림이다. 이는 채색으로 공간을 점령하는 개념인 서양화와 비슷하면서도 다른 개념이다.

　서양화는 채색으로 모든 공간을 점령해, 보이는 세계에 대해 한층 더 선명하고 정확하게 문제 삼는다는 뜻을 보이기에 외면적이고 진취적인 모습이다. 즉 외부적으로 드러난 그림이라는 것이다. 하지만 한국화에 드러난 '정신'이 그림의 공간을 점령한다. 한국화에서 그림을 그린다는 행위는 자신과 우주가 하나 될 때 저절로 우러나오는 특별한 것이었으며, 매우 고답적인 행위로 여겼다. 그래서 그려진 그림을 모작한다는 행위는 좀처럼 용납되지 않았다. 품격이 높은 그림일수록 안정되고 잘 다듬어져 있었을 뿐만 아니라, 독창적이고 개성적인 특징을 갖고 있었다.

　그런데 우리는 이미 서양화 감상법에 익숙해져 우리 그림인 한국화를 감상할 때도 조형적인 시각으로 감상하려고 한다.

　그러나 한국화에서 가장 중요한 요소는 '정신'이며, 당시 문인들은 이런 정신을 드러내기 위해 서(書)와 화(畵)를 일치시켰다. 한국화를 감상할 때는 이러한 문인들의 정신을 되짚고 생각하며 감상해야 한다. 그렇게 그림이 내포하고 있는 뜻을 알고 마치 숨은 그림을 찾을 때처럼 한국화를 보다 보면, 어느새 한국화의 매력에 빠져 있는 자신의 모습을 볼 수 있을 것이다.

한국화와 동양화,
무엇이 다를까?

○○○ 화백 동양화전(展)
○○○ 화백 한국화전(展)

그림의 장르를 말할 때 우리는 크게 서양화, 동양화, 한국화로 분류한다. 그중 서양화는 우리가 익히 알고 있는 유화나 아크릴화처럼 서양에서 유입된 재료를 사용해 캔버스 위에 그리는 그림이고, 동양화는 동양의 전통 재료인 화선지 위에 먹을 사용에 그린 그림으로 1900년 초 서양화가 유입되면서 생겨난 명칭이다.

이렇게 서양화와 동양화의 개념은 알 수 있겠는데, 그렇다면 한국화는 무엇을 말하는 것일까?
일반적으로 한국화는 동양화를 바탕으로 나온 세부 장르로 알고 있는 사람들이 많다. 하지만 이것은 잘못된 생각이다. 사실 한국화와 동양화는 같은 장르다. 다만 명칭이 한 가지로 통용되지 않아 누구는 한국화로, 누구는 동양화로 부르는 것일 뿐이다.

서양화가 유입되기 전 우리의 그림은 글씨와 그림의 개념인 '서화(書畵)'라는 명칭이 사용되었다. 하지만 1922년 '조선미술전람회'에서 처음 '동양화'라는 개념을 공식화했고, 1980년대 중반 청강 김영기 화백에 의해 최초로 '한국화'라는 명칭이 사용되었다. 그때부터 서서히 일부 화가들은 '동양화는 주로 중국의 그림을 이어받은 그림이고, 우리의 그림은 엄연히 동양화와는 다른 주체적인 한국화다'라는 의미에서 자신의 작품을 한국화라 부르기 시작했다. 즉, '주체성 회복'이라는 것에 의미를 두었던 것이다. 그렇게 오늘날 대부분 사람들은 우리 그림을 동양화가 아닌 '한국화'라 부르게 되었다.

그러나 안타깝게도 여전히 우리 그림은 온전히 한국화가 되지 못하고 있다. 물론 소수긴 하나, 여전히 동양화라 부르는 사람들로 인해서다. 사실 동양화라는 명칭을 쓰는 사람들은 대중만이 아니다. 화가들도 마찬가지다. 그 이유는 바로 전공자들이 동양화과 출신과 한국화과 출신으로 나누어져 있기 때문이다. 서울대와 홍대는 미술대학 동양화과로, 이화여대는 예술대학 한국화과로 명칭이 정해져 있다. 그러나 외국인의 시각으로 봐도 어쩐지 어색하다. 일본의 그림은 일본화, 중국의 그림은 중국화라고 부르는데, 한국의 그림은 동양화라고 부르니 그 명칭을 이해하는 데 어려움이 있을 수밖에 없다.

또 한편으로는 지금은 현대미술의 시대라 기법이나 소재, 재료나 사상, 철학까지 뛰어넘는 기상천외한 작업이 즐비하고, 한국화가 출신 작가의 팝 아트 등 통합적 형태의 작품들이 출품되는데, 이를 한국화라는 명칭으로 통용하고자 하는 노력이 과연 필요한 것인가 하는 생각도 할 수 있다. 오히려 새로운 개념이 생겨야 하는 것이 아닌가 하는 고민마저 든다.

하지만 전통적으로 내려오는 우리 그림에 두 가지 이름을 사용하는 것은 조금 어색하며, 분명한 명칭을 하나로 정할 필요는 있다. 이는 장르의 차단이나 분류를 위해서가 아니다. 우리 그림에 대한 정확한 정체성을 정확히 부여했을 때, 최소한의 혼란을 막을 수 있으며, 한국 미술계의 주체성 또한 강해질 것이다. 그러지 않던가. 이름을 불러주었을 때, 하나의 꽃이 된다고.

한국 미술에도
르네상스 시대가 있었다

한국 미술에도 르네상스 시대가 있었을까?

'르네상스(Renaissance)'란 '새롭게 태어난다'라는 뜻으로, 학문과 예술의 부활을 말한다. 14세기 후반 이탈리아에서 시작된 이 운동은 유럽 전역에 전파되어 유럽문화의 태동이 되었다.

미술 분야에서 르네상스는 이탈리아에서 14세기에 시작되어 16세기에 정점을 이뤘다. 르네상스 이전의 중세미술은 무려 1,000년 동안이나 성당 내부를 장식하기 위한 수단이었으며, 당시 미술은 신화나 역사화가 아닌 그림을 그리는 것은 꿈도 꿀 수 없었다. 그러나 르네상스 시대의 미술은 과거와는 달리 인본주의나 자연의 재발견, 개인의 창조성으로 그 특징이 크게 변했다.

과거 교회가 중심이 된 신화나 역사화 등의 그림은 사실을 그대로 묘사하려는 자연주의 리얼리즘으로 바뀌었고, 화가들은 눈앞의 대상을 마치 실제처럼 똑같이 묘사하기 시작했다. 그러나 현실을 모방하는 예술은 이미 2,000년 전 그리스 로마 시대에도 존재했던 미술이었기에 이와는 다른 특별한 것이 필요했다. 그래서 예술가들은 수학, 해부학, 광학, 색채, 명암 등 과학의 도움을 받아 현실을 더욱 똑같이 재현하는 데 성공하게 된다.

조각 역시 마사초(Masaccio)나 만테냐(Andrea Mantegna)의 생명력 없는 조각에서 미켈란젤로(Michelangelo Buonarroti)의 조각처럼 마치 살아 있는 듯 생생하게 표현되는 형태로 바뀌었다. 또, 거리감이 느껴지는 원근법이나 선을 흐리게 그리는 스푸마토 같은 기법이 등장해 그림을 더욱 사실적으로 보이게 그렸다. 미술을 잘 모르는 사람들에게도 유명한 레오나르도 다빈치(Leonardo da Vinci)의 〈모나리자(Mona Lisa)〉나 〈최후의 만찬(Last Supper)〉 등이 모두 이 시대의 그림이다.

이렇듯 르네상스 운동은 교회와 신 중심의 세계관을 인본주의로 전환한 획기적인 산물이었고, 세기의 거장으로 유명한 미켈란젤로, 레오나르도 다빈치, 라파엘로(Raffaello Sanzio)라는 미술사의 천재들이 바로 르네상스 시대의 미술을 이끈 화가들이다.

그렇다면 한국 미술의 역사에서도 르네상스 시대를 찾을 수 있을까?

18세기 후반, 한국에는 '진경(眞景) 시대'가 있었는데 이때를 르네상스 시대라 할 수 있다. '진경'은 '진경산수화'라 알려진 화풍에서의 '참된 경치'를 뜻하는 진경을 말한다. 과거 진경 시대의 화가들이 그리고자 한 것은 우리 시대의 경치였다. 16세기 조선의 회화는 독자적인 우리의 화풍이 아니었다. 당시 화가들은 중국의 화풍을 모방해서 그림을 그렸기 때문에 그것이 중국의 그림인지, 우리 그림인지 구별하기조차 어려웠다.

그러나 17세기 병자호란과 임진왜란을 겪으면서 화풍에도 변화의 바람이 불었다. 17세기 명(明)이 청(淸)으로 교체되면서 명을 숭상하던 조선 예술의 정체성도 흔들리기 시작했으며, 그 빈틈을 조선의 문화가 대신하게 되었다. 그때부터 중국의 산수(山水)는 서서히 단절되고 조선만의 독자적인 화풍이 자리 잡게 된 것이다.

그때 나타난 '진경산수화'는 우리 고유의 문화를 대표하는 산수다. 우리의 산수화는 양식적인 면에 치우친 중국적 화풍을 탈피하고, 조선의 기후와 지형에 맞게 바뀌었으며 자연뿐만 아니라 서민들의 삶까지 '진짜 경치' 안에 포함해서 생각했다.

사실 조선의 회화라고 하면 우리는 조선의 풍속화를 떠올린다. 그러나 조선 문화의 고유성은 엄연히 산수화에서부터 시작되었다. 상상 속의 산수나 서민들은 보기 힘든 중국의 산수를 그려오던 우리의 회화가 주변의 환경이나 소박한 조선의 생활상으로 눈을 돌리게 된 것은 미술사적 관점에서도 매우 큰 변화다.

당시 '겸재 정선'은 진경산수화의 선두에 서서 중국의 여산(廬山)이 아닌 한국의 금강산을 그림의 소재로 삼았고 〈금강전도(金剛全圖)〉라는 작품을 탄생시켰다.

다음 두 그림을 보며 진경산수화의 면모를 살펴보자.

[11] 겸재 정선 〈금강산만폭동도(金剛山萬瀑洞圖)〉
지본담채, 56×42.8cm, 간송미술관

[12] 안견 〈몽유도원도(夢遊桃原圖)〉
1447, 38.7×106.5cm, 일본 덴리대학 중앙도서관

조선 초기만 해도 고려회화의 전통을 이어받은 산수화를 그렸는데, 그 대표적인 작품이 안견의 〈몽유도원도(夢遊桃源圖)〉다. 이 작품은 기암절벽과 자연의 풍광을 웅장하게 표현했으며 걸작 중의 걸작으로 꼽히지만, 풍경은 중국의 무협영화에 등장할 법한 경치로 한국의 풍경과는 차이가 있다.

하지만 겸재 정선의 〈금강산만폭동도(金剛山萬瀑洞圖)〉에 나타난 경치는 한국의 실경임과 동시에, 단순히 겉모습만을 묘사한 그림이 아니라는 점에서 그 독창성을 높이 평가한다. 바로 이 '진경산수화'를 기점으로 우리나라만의 고유의 그림인 진짜 '한국화'가 탄생했다고 할 수 있다.

그 이후 조선 후기 화가인 '김홍도'는 양반들에게 환영받지 못했던 서민들의 삶을 담아 〈씨름〉을 탄생시켰다. 또, 풍속화가로 알려진 '신윤복'은 서민 남녀 간의 애정을 소재로 한 당시에는 파격적인 〈월야밀회(月夜密會)〉라는 명작을 남겼다. 이렇게 민족의 시선으로 그림을 그렸던 화가들의 그림은 그 당시에는 새로움을 넘어 파격적인 변화를 추구한 것이며, 현대까지도 한국 회화의 중심으로 맥을 이어오고 있다.

진경의 시대는 당시 중국 중심이었던 우리의 세계관을 우리 민족에게 돌렸으며, 추상적인 자연에서 벗어나고 사람들의 소소한 삶과 감정들까지 표현하며 한국 회화의 기반을 마련했다. 그런 의미에서 한국 예술을 우리 고유의 것으로 만들었던 '진경 시대'는 진정한 한국 미술의 시발점이자 한국의 르네상스라고 할 수 있다.

익숙하지만 멀게 느꼈던
한국의 전위예술

최근 전 세계의 이목이 한국의 전위예술에 집중되어 있다. 전위예술(Avant-garde)이라는 말을 들어본 적이 있는가? 전위예술은 아방가르드 미술이라고 부르며 미술에서 회화의 영역보다 퍼포먼스가 차지하는 비율이 높은 미술이다. 아방가르드라는 용어는 기존의 것을 부정한 파격적인 미술이라는 뜻을 강하게 내포한다. 그런데 바로 이 전위예술이 최근 한국 미술계에서는 단색화를 이은 미술로 부상하고 있으며, 그중 대한민국 1세대 전위예술가라 일컫는 김구림, 이건용 등의 인기가 매우 뜨겁다. 그동안 엄청난 인기몰이를 했던 단색화에 이어 다음 왕좌를 차지할 경향을 전위예술로 보는 것인데, 과연 무엇을 전위예술이라고 하는 것일까?

전위예술에서 일단 '전위'의 의미를 살펴보면, 이는 프랑스어인 아방가르드(Avant-garde)를 번역한 용어다. 원래는 군사용어로 전쟁에서 선두로 나가 적의 움직임과 위치를 파악한다는 뜻으로 쓰였다. 이후 '아방가르드'가 예술 용어가 되면서부터는 새로운 예술을 탐색하고 이전의 예술의 벽을 뛰어넘는 혁명적인 예술이라는 의미를 지니게 되었다.

전위예술의 시대는 1960년대에 시작되었다. 당시 아시아를 비롯한 유럽이나 미국에서 활동했던 예술가들은 기존의 회화의 방식을 뛰어넘어 오브제를 사용하기 시작했으며, 기발한 실험미술과 설치미술, 액션 중심의 작품들을 만들어 내며 기존 예술에 반기를 들었다. 당시에는 흥미롭게도 이러한 아방가르드 예술을 새로운 것으로 보는 시각보다, 상업적인 예술로 치부하는 경향이 심했다. 이에 따라 일어난 운동이 바로 전위예술 운동으로 알려진 '플럭서스(Fluxus) 운동'이다.

'플럭서스 운동'을 이끈 예술가들은 이미 전 세계적으로 알려진 요코오노(Ono Yoko)를 비롯해 존 케이지(John Cage), 요셉 보이스(Joseph Beuys) 등이 있는데, 이들은 예술의 결과를 보지 않고 과정을 중요시하는 즉각적이고 실험적인 예술을 표방했다. 그중 요셉 보이스는 이론가이자 교육가이자 정치가로서 서구의 예술문화를 창조적인 문화로 바꿀 수 있도록 노력했다. 그는 기존 예술에서 '확장된 예술 개념'을 보여줬는데, 회화, 조각, 드로잉을 넘어 공연설치, 퍼포먼스 등 다방면으로 자신의 예술세계를 세상에 선보였다. 또 사회, 정치, 환경, 문화를 비롯해 심리적인 부분까지도 예술의 영역으로 확장하고자 했다.

사실 이러한 예술의 경향은 플럭서스 운동 이전부터 태동하기 시작했다. 1차 세계대전 이후 이탈리아에서 '미래파(Futurism) 운동'이 일어났는데, 그 중심에는 '새로운 시대에는 그에 맞는 생활양식과 표현이 필요하다'라는 내용이 자리 잡고 있었다. 이후 기존의 관습적인 예술을 부정하는 '다다이즘(Dadaism)'이 나타났으며, 1차 세계대전 이후 독일과 프랑스를 비롯한 유럽 각국의 예술가들이 미국의 예술가들과 '다다'라는 전위적 예술 운동을 전개하면서 '전위예술'은 새로운 경향의 예술을 총칭하는 용어로 자리 잡았다.

그렇다면 한국의 전위예술은 어떨까? 한국에서 전위예술을 주도한 예술가는 우리가 익히 알고 있는 백남준이다. 그는 '플럭서스 운동'을 주도한 전위예술가로, 우리에게는 비디오 아티스트로 유명하다. 백남준은 도끼로 피아노를 부수는 행동을 하거나, 머리에 물감을 묻히고 머리가 붓의 역할을 하면서 선을 긋는 등의 기이한 행동을 하는 전위적인 퍼포먼스를 선보였다. 한국의 초대 전위예술가인 셈이다.

그와 더불어 1960년대 '해프닝'이라는 말로 대중에게 전위예술을 소개한 김구림 역시 기존에 보지 못했던 예술을 추구했다. 그는 음악, 무용, 연극, 행위 등의 여러 경계를 넘나들며 작품 활동을 하는 동시에, 대중에게는 규정화되지 않는 자신의 작업을 선보였다. 이외에도 '실험'을 중심으로 자신의 예술세계를 펼친 '이건용'도 유명하다.

이처럼 전위예술은 동서양의 문화와 사상이 다양한 장르와 결합하여 그 벽을 허물고 하나의 집단으로 응결시키는 결과물을 보여주었다. 이처럼 한국 예술계에서 전위예술을 추구하는 선구자의 노력이 있었지만, 그럼에도 불구하고 한국 사회에서는 전위예술을 여전히 낯설게 받아들인다.

그런데 한국 전위예술의 시작이 매우 이른 1960년대였다는 사실은 우리를 매우 놀라게 한다. 지금도 한국의 전위예술가들은 대지 작업을 비롯해 설치, 판화, 평면 작업이라는 장르의 경계를 뛰어넘는 새로운 작업을 끊임없이 대중에게 선보인다. 이는 백남준을 비롯한 김구림, 이건용 등의 소수의 예술가가 조형적 탐구를 기초로 역사와 사회적 관심을 예술에 꾸준히 적용했기에 늦게나마 조명받을 수 있었다.

현재 한국 미술의 선두에는 단색화가 있다. 동시에 전위예술이 서서히 떠오르기 시작했고 단색화의 뒤를 이을 한국의 미술경향으로 손꼽힌다. 국내외의 대중은 한국의 독자적인 전위예술작품에 감탄하기 시작했으며, 많은 작품이 전 세계로 뻗어나가고 있다. 이 모두가 한국 1세대 전위예술가들의 60여 년간의 끊임없는 노력의 결과물이다.

돌아오지 못한
우리의 문화재

초보 아트 컬렉터를 위한 멘토링

훔친 고려불상,
日에 돌려줘야… 일본 정부 "조기 반환 요청"

2023년 2월 한국을 뜨겁게 달궜던 기사 제목이다. 기사의 요지는 고려 말 일본에 약탈됐다가, 문화재 절도범에 의해 국내로 밀반입된 '고려시대 금동관음보살좌상(불상)'에 대해 한국의 2심 재판부가 "일본에 돌려줘야 한다"라고 결론 내렸다는 것이다.

문화재를 둘러싼 법적 소유권은 충분히 따질 수 있는 문제라지만, 돌아온 우리의 문화재를 다시 일본으로 돌려줘야 한다는 데에는 이해하지 못하는 사람들이 더 많다. 비단 국민감정의 문제만은 아니다. 당연한 것이 당연하게 받아들여지지 못하는 현실을 안타까워하는 마음일 것이다. 돌아오지 못한 우리 문화재, 우리는 어떻게 받아들여야 하는 것일까? 해외 유출 문화재의 대표적인 사례를 보며 함께 생각해 보자.

『직지심체요절』은 세계에서 가장 오래된 우리나라의 금속활자 인쇄본이다. 『직지심체요절』은 불교를 통치이념으로 삼았던 고려 시대 때 부처의 공덕을 기린 노래 중 좋은 부분들을 뽑아 제작한 것이다. 이 문화재는 자랑스럽게도 2001년 유네스코 세계기록유산으로 등재되었다. 사람들은 보통 인쇄술이 서양의 구텐베르크에 의해 가장 먼저 발명된 것으로 알고 있지만, 우리의 『직지심체요절』이 서양의 것보다 무려 78년이나 앞섰다. 이 소중한 문화유산은 현재 어디에 있을까? 『직지심체요절』은 현재 프랑스 국립도서관의 소장품으로 전시되고 있다.

이렇게 역사적 의미가 깊은 우리의 문화재가 왜 프랑스 국립도서관에 있는 것일까?

일제 강점기에 우리나라에 주둔했던 한 프랑스 외교관은 우리의 고서(古書) 수집에 관심이 많았다. 당시 그는 『직지심체요절』을 소장하게 되었는데, 이후 자국으로 돌아가면서 가지고 간 것이다. 그는 『직지심체요절』을 경매에 출품했고 그 작품은 낙찰 후 기증을 통해 프랑스 국립도서관이 소장하게 된 것이다. 연유야 그렇다 치지만 세계적으로 유명하고 우리나라에서도 역사적 가치가 높은 문화유산이 외국의 문화재라니 정말 황당한 일이 아닐 수 없다.

물론 우리나라에서도 『직지심체요절』을 환수하기 위해 많은 노력을 했다. 문화재에 관한 행정법을 만들거나 외교 관계를 통해서 반환을 요구했지만, 이는 결국 무산되었으며 소유권 반환은커녕 국내에서 전시조차 열지 못하고 있는 게 현실이다.

사실 나라마다 문화재 환수 문제는 해결하지 못한 큰 과제로 남아 있다. 가끔 문화재가 반환되는 경우가 있는데, 그 기준은 유네스코 국제법의 문화재에 대한 법을 적용한다. 만약 문화재가 약탈이나 불공정한 방법을 통해 외국으로 반출된 경우, 돌려받을 이유가 합당하다고 보고 반환이

가능하지만, 『직지심체요절』처럼 돈을 주고 소장하는 등 정당한 방법을 통해 획득한 외국 반출 문화재는 돌려받을 수 없다.

『직지심체요절』과는 다르게 구한말 병인양요 때, 프랑스 군대가 약탈한 『외규장각 도서』는 유네스코 문화재에 관한 국제법을 기준으로 다시 우리나라로 돌아왔다. 이 문화재도 프랑스 국립도서관에서 보관하고 있었던 것으로 2011년 영구대여라는 명분으로 전권이 반환된 것이다. 그러나 소유권이 여전히 프랑스에 있다는 것은 정말 가슴 아픈 일이다.

문화재는 한 나라의 역사이며 정체성이다. 또, 문화재는 그 나라를 반영하는 거울이며 과거 우리의 발자취를 기록한 매우 소중한 유산이자 보물이다. 그런데 국내로 반환되지 못하고 있는 우리 문화재는 전 세계에 무려 12만 점이나 된다고 한다. 그중 일본에 있는 우리 문화재는 9만 5,000여 점으로 추정되는데, 이는 해외로 유출된 문화재의 40퍼센트를 차지한다. 다시 가져오기란 현실적으로 불가능에 가깝다.

그 이유는 문화재의 소유권에 대해서 이를 문화재가 만들어진 해당 나라의 소유물로 볼 것인지, 아니면 국제적 유산으로 볼 것인지에 대한 의견이 다르기 때문이다. 또 다른 이유로는 문화재의 반출 경로를 증명하기가 거의 불가능하다는 데에 있다. 약탈을 통해 해외로 빠져나간 것인지, 정당한 대가를 치르고 가져간 것인지 증명하는 것은 쉽지 않다. 실제로 임진왜란이나 전란으로 인해 일본에 강탈당했던 문화재 중 증거 불충분으로 여전히 고국으로 돌아오지 못하는 문화재는 예상보다 많다.

대표적인 사례로 당연히 우리나라에 있을 것이라 여기는 안견의 〈몽유도원도(夢遊桃園圖)〉는 현재 일본의 덴리 대학의 소장품으로 전시되고 있다. 〈몽유도원도(夢遊桃園圖)〉는 일제 강점기 일본에게 약탈당한 후 소장된 것인데, 약탈의 증거가 없어 우리나라의 것이라 주장하기 힘든 것이다. 물론 2009년 일본의 허가로 우리나라의 국립중앙박물관에서 한 차례 전시가 열리긴 했지만, 이후 더 이상의 대여는 없을 것이라는 일본의 뜻에 따라 두 번 다시 국내에서 감상하기 힘든 우리 문화재가 되어버렸다.

이처럼 반환은커녕 우리 문화재임에도 불구하고 우리나라에서 전시조차 열기 어려운 것이 현실이다. 여전히 우리나라에서는 문화재를 반환하기 위한 노력이 계속되고 있지만, 국가와 국가 간에 얽힌 법, 정치, 외교적 문제에 해당하기에 하루아침에 해결한다는 것은 불가능한 일이며, 개인의 노력으로는 어떤 방법도 찾기 힘들다. 게다가 더욱 안타까운 것은 현대미술과는 달리 대중의 고미술에 대한 관심이 점점 줄어든다는 점이다.

현재 프랑스에서는 자신의 문화재를 돌려받기 위해 타국의 미술품을 먼저 돌려주는 정책을 실행하고 있다. 프랑스의 정책은 주변국까지 영향을 미쳐 유럽의 몇몇 국가에서도 이와 같은 움직임이 시작되고 있다. 그러나 무엇보다 우리 문화재를 되찾아 오기 위해서는 우리부터 고미술에 관심과 애정을 갖는 것이 먼저다. 고미술에 대한 우리의 인식을 새롭게 하고, 우리 문화재에 관심을 가지고 국가 간 교류를 꾸준히 한다면, 언젠가 문화재 국제법도 개정될 것이다.

비록 미약한 개인이라도 고미술품에 관심을 가지기 시작하는 순간부터 이미 나비의 작은 날갯짓은 시작된 것이며, 우리의 문화재가 다시 제자리를 찾기 위해서는 나비효과를 일으킬 수 있는 많은 이들의 희망의 날갯짓이 필요하다.

04

K-ART,

세계 미술의 트렌드를 이끌다!

서양에는 없는
서양 미술사

　　미술에 흥미가 생겨 첫발을 들여놓을 때 우리가 가장 먼저 접하게 되는 미술 입문서로 『서양 미술사』를 꼽을 수 있다. 『서양 미술사』는 말 그대로 미술의 탄생부터 현재까지의 미술의 역사를 보여주는 책이다. 미술 애호가들의 교양서적이자 필독 도서다. 이런 『서양 미술사』에 관련한 서적은 'Western history of Art'로 시중에 많이 나와 있다. 그런데 생각해 보자. 과연 미술이라는 것이 서양에만 있었던 전유물이었던가?

　서양 미술사라는 말은 순전히 동양적인 관점이다.
　우리에게 익숙한 '서양 미술', 즉 'Western Art'는 서양인들에게는 그냥 'Art'다. 미술사의 대표적인 도서인 곰브리치(Ernst Gombrich)의 『서양 미술사』의 원제목은 『The Story of Art』이며, 서양에서 미술은 'Art'나 'Painting'이지, 그 단어 앞에 'Western'을 따로 붙이지는 않는다.

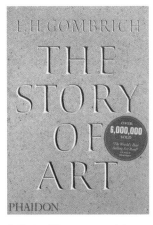

[13] 곰브리치(Ernst Gombrich)의
〈The Story of Art〉

이러한 현상은 우리에게 많은 것을 시사한다.

사실 우리가 미술사를 논할 때, 동양과 서양을 함께 묶어 설명하기에는 무리가 있다. 왜냐하면 동서양의 발전 배경에는 서로 다른 환경이 놓여 있었고, 이 차이가 문명의 발전 경로와 속도의 차이를 만들었다. 또 역사 문화적인 배경의 차이 또한 확연하기에 이 둘을 묶어 설명하는 것은 불가능하다.

근대화의 배경과 시기도 분명한 차이가 있다. 동양은 과거 서양 문화를 배척하던 시기에서 동도서기나 개화운동을 통해 뒤늦게 서양의 문물을 받아들였다. 이렇듯 서양에 비해 늦었던 동양의 근대화라는 역사도 감안해야 한다.

현대 사회에서 대중에게 서양 미술은 한국 미술이나 동양 미술보다 친근하게 다가온다. 대부분 국내에서 열리는 전시는 서양 고전 미술부터 서양 현대미술까지 서양과 관련된 미술 전시이고, 그곳에서도 서양 아티스트들의 이름이 더 많이 거론된다. 상황이 이렇다

보니 당연히 서양 미술이 동양 미술보다 친근하게 느껴질 수 있다.

이 같은 친근함에는 서구화 단계에서 문물개방이 단기간에 이뤄진 점과 그 과정에서 서구문물을 무조건적으로 받아들여 서양의 것이라면 우월하다는 인식이 작용하는 부분도 있다.

하지만 우리가 문화를 제대로 받아들이기 위해서는 'Art'라는 개념이 서양 미술에만 국한된 것이 아니며, 서양 미술과 동양 미술이 나란히 공존하는 것이라는 점부터 인지해야 한다. 그것이 우리 미술이 세계 미술의 일원으로서 당당히 성장할 수 있는 기반이 될 것이기 때문이다.

세계로 향하는
'K-ART'의 위상

미술 문화 강국을 꿈꾸는
한국의 미술

"가장 한국적인 것이 가장 세계적이다"

미술에도 유행이 있다. 1960, 70년대에는 전통 수묵화가 유행이었고 1980년대는 서양화가 인기가 있었다. 서양화의 득세로 동양화의 인기는 사그라지면서 작품가에도 변화를 가져왔다. 한국 미술사조의 중심인물인 청전 이상범의 경우, 1980년대에 1억 원을 호가하던 작품가가 5,000만 원대로 곤두박질쳤는데, 이 같은 현상은 대부분의 한국화 화가들에게 해당하는 일이었다.

비슷한 현상이 2021년 이후에도 나타났다. 한국 미술시장에서 단색화를 제외한 나머지 사조는 거의 전멸 상태가 된 것이다. 한국 갤러리와 컬렉터의 발길은 외국 유명 화가들의 작품으로 향하고 있으며, '한국작가의 그림을 잘못 샀다가 훗날 손해가 된다'라는 선입견이 자리하고 있다. 그래서 요즘 유행하는 조지 콘도, 우고 론디노네 등의 작품에는 경탄을 금치 못하면서도 한국 유명 화가들에 대한 반응은 시큰둥하기만 하다.

글로벌 문화 강국으로 세계 미술시장을 움직이는 중국을 살펴보면 우리나라와는 다른 태도를 보인다. 중국은 국가와 기업, 미술계가 힘을 합쳐 자국의 문화예술을 발전시키기 위해 적극적으로 활동한다. 중국 유명 화가 '쩡판즈'는 3년 사이 작품의 가격이 5배나 폭등했고, 그의 작품 〈최후의 만찬(The Last Supper)〉은 미국 소더비 경매에서 아시아 최고가인 2,330만 달러(약 250억 원)에 낙찰되었다.

중국은 상류층에서부터 자국 문화에 자부심을 느끼고 적극적으로 자국 화가들의 작품을 컬렉팅한다. 외국에서 생활하는 자국민들이 중국 화가의 외국 전시가 열리면 일부러 찾아가 작품을 구매할 정도로 자국 문화에 대한 관심과 사랑이 엄청나다. 이러한 부분들은 단기간에 중국을 세계 최고의 문화 강국이 될 수 있도록 밑받침이 되었으며, 쩡판즈나 장샤오강, 위에민쥔 같은 글로벌 아티스트를 탄생시키는 배경이 되었다.

반면 우리나라는 국가의 지원도 턱없이 부족한 형편이고 기업이나 컬렉터들은 외국 유명 작품을 컬렉팅하기에 급급했다. 또 국내 메이저 화랑이나 미술관들은 외국 화가들의 전시와 피카소展, 샤갈

展 등의 외국 명화 전시를 개최하기에 바빴다.

하지만 코로나 시기 한국 미술계에 호황기가 찾아오고, 한국 미술이 'K-ART'라 불리며 전 세계의 주목을 받기 시작하면서 움직임이 달라졌다. 한국뿐만 아니라 세계의 크고 작은 미술관에서 한국 화가의 개인전이 열리기 시작했으며, 세계적인 미술관인 로스앤젤레스 뮤지엄(LACMA)과 뉴욕 구겐하임 미술관에서는 한국의 근대미술 전시를 준비하거나 개최하기도 했다. 심지어 지난 2021년 한국에서 열린 세계적인 아트페어 '프리즈 서울'에 몇몇 한국 화가의 작품이 전시되었는데, 세계의 명화들과 견주어도 손색이 없을 정도로 사람들이 몰리며 최고의 인기를 얻었다.

이렇듯 한국 미술의 위상은 전과 비교할 수 없을 정도로 높아졌다. 따라서 컬렉터들도 더 이상 유행에 따라 작품 컬렉팅을 하거나 무조건 외국 작품이 최고라고 여길 필요가 없어졌다. 오히려 이제 발전을 시작한 우리 미술이 성장할 가능성의 폭이 훨씬 크다는 것을 인지해야 한다. 이미 K-ART는 우리 문화의 가치를 세계시장에서 창출하기 시작했다.

이제는 한국적인 것이 세계적인 것이라는 자부심을 가지고 우리 미술의 성장을 지켜볼 일이다.

K- ART,
글로벌시장과 만나다

2022년 9월 2일을 시작으로 세계적인 아트페어 '프리즈 서울 (Frieze Seoul)'이 서울 삼성동 코엑스에서 개최되었다. 세계 3대 아트 페어에는 아트 바젤(Art Basel) 스위스, 프리즈(Frieze) 런던, 피악(FIAC) 프랑스가 있는데, 그중 영국의 프리즈가 아시아 시장에서 서울을 예술적 성장 가능성이 높은 도시로 주목하면서 서울에서 아트페어 가 열린 것이다.

프리즈 아트페어에는 전 세계 유수의 갤러리가 무려 110개나 참 가했으며, 평소 외국에 나가야지만 볼 수 있는 해외 유명 화가들의 명화를 국내에서 직접 볼 수 있는 기회를 제공했다. 프리즈 서울의 개최는 한국이 그간 문화 후진국이라 불리던 오명을 완전히 씻을 수 있는 좋은 기회가 되었다. 게다가 작품판매량도 5일 동안의 행사 에서 1조 원이 훌쩍 넘는 매출을 올렸다고 하니, 한국이 발전 가능 성이 농후한 미술시장이라는 것을 뒷받침해 준다.

2021년, 우리 미술시장은 전례 없는 호황기를 누렸다. 회화를 비 롯해서 조각, 한정판 판화, 아트토이까지 예술의 흔적이 있는 것이 라면 모두 판매가 될 정도로 예술의 열기는 뜨거웠다. 또 원하는 작 품을 구하기 위해서라면 기존 명품매장에서만 볼 수 있었던 오픈- 런과 전시 하루 전 전시장 앞에서 텐트를 치고 밤을 새우는 일까지 발생할 정도였으니, 당시의 분위기는 충분히 짐작될 것이다.

작품가도 마찬가지였다. 원하는 작품을 갖기 위해 전시가의 몇 배나 되는 웃돈을 지불하는 것은 흔한 일이 되었으며, 인기 화가의 경우에는 그림 주문 후 2, 3년 기다리는 것은 당연한 일로 받아들였다.

한국 화가들에 대한 위상도 높아졌다. 그동안 세계 미술시장에서 단색화 화가 이외의 다른 장르의 화가들이 주목받는 일은 거의 없었는데, 미국의 LA현대미술관에서는 한국 근현대 작가 전시를 영미권 최초로 개최했고, 뉴욕 구겐하임 미술관에서는 한국 1970, 80년대 아방가르드 전시가 열린다고 하니, 세계 미술시장의 한국 미술에 대한 반응이 얼마나 뜨거운지 알 수 있다. 또한 베니스 비엔날레의 한국관에 대한 세계 미술평론가들의 반응도 매우 뜨거웠다.

이제 전 세계 언론은 K-POP, K-DRAMA와 함께 한국 미술을 K-ART라는 이름으로 보도하고 있으며, 이는 한국 미술의 독자성을 세계 미술시장에 알릴 수 있는 좋은 계기가 되고 있다. 특히 프리즈 서울 개최 이후 K-ART는 세계에서 더욱 주목받게 되었다.

한국 미술계의 분위기도 달라졌다. 프리즈 개최 시즌에 전 세계 미술 애호가들과 관계자들도 한국을 방문했다. 서울의 갤러리들은 매일 밤 고객들을 초대해 나이트 파티를 열었으며, 한국을 방문한 작가들과 유명 큐레이터들에게 고객과의 만남을 주선했다. 그야말로 예술 축제의 장이 펼쳐진 것이다.

사실 이런 모습은 매년 4월이면 홍콩에서 볼 수 있는 모습이었다.

홍콩은 아시아 예술의 허브로 매년 4월이면 아트 바젤 홍콩을 비롯해 크고 작은 위성 페어들과 함께 미술축제가 시작된다. 하지만 2021년을 기점으로 많은 것이 변했다. 한국 미술시장의 폭발적인 성장은 전 세계 미술 관계자들의 이목을 끌었으며, 홍콩의 미술시장이 서서히 서울로 옮겨지는 움직임도 보이고 있다.

그러나 한편에서는 좌절의 목소리도 높다. 바로 국내 갤러리들의 불만이다. 프리즈 서울이 열리는 기간과 국내 최대 아트페어인 키아프를 동시에 개최한 데에 대한 우려가 현실로 드러난 것이다. 프리즈의 관람객은 매우 비싼 티켓의 가격에도 불구하고 발 디딜 틈도 없이 분주한 데 비해, 키아프는 페어 기간 내내 전과 다르게 매우 한산했다고 한다. 프리즈와 키아프의 동시 개최로 상대적으로 국내 갤러리들이 피해를 본 것이다. 공간의 부족으로 몇몇 국내 갤러리는 늘 전시가 열렸던 코엑스(COEX)가 아닌, 더 작은 공간인 세텍(SETEC)으로 장소를 옮겨 전시해야만 했다. 셔틀버스를 운영했지만 실제로 이를 이용한 고객은 거의 없었으며, 매우 한산한 분위기였다. 결과적으로 기존의 컬렉터들을 프리즈에 빼앗기는 현상이 벌어진 것이다.

하지만 세계적인 명성을 가진 프리즈의 한국 입성은 대한민국의 예술 수준을 한층 드높였으며, 한국의 예술을 세계에 알리는 계기가 되었다는 점과 한국 화가들이 글로벌 화가로 성장할 수 있는 기회를 준다는 점에서 매우 기쁜 일이다.

세계의 아트페어와
코리아 아트위크

세계의 아트페어로 향하는
한국 미술

세계 3대 아트페어(Art Fair)
'아트 바젤(Art Basel), 피악(FIAC), 시카고 아트페어(Expo Chicago)'

전 세계 여러 나라에서 다양하고 수많은 아트페어가 열린다. 그래서 미술에 관심이 있는 사람들이라면 '아트페어'라는 용어는 낯설지 않다. 아트페어란 국내외 수많은 갤러리가 대형 전시장에 모여 일정 기간 동안 각 갤러리가 내세우는 소속 화가들의 그림을 전시하며 판매하는 미술시장을 말한다.

한국에서는 20여 년 전부터 아트페어가 시작되었고 현재는 크고 작은 아트페어를 포함해 거의 30여 개의 아트페어가 열리니, 이 정도면 아트페어가 대중화되었다고 할 수 있다. 반면 서양에서는 우리보다 앞선 50여 년 전부터 아트페어가 시작되었기 때문에 그곳에서의 아트페어는 매년 열리는 당연한 행사로 일상화되어 있다.

그렇다면 아트페어는 어떤 장점이 있을까? 아트페어는 말 그대로 그림을 파는 미술시장이다. 아트페어에 방문하면 지명도 높은 화가들의 다양한 작품과 갤러리가 발굴한 신진 화가들의 유니크한 작품을 볼 수 있다. 또, 이를 통해 동시대미술이 내세우는 트렌드가 무엇인지 예측할 수 있다. 작품을 구매할 수 있는 범위도 넓어서 마음껏 감상하고 비교해 보며 원하는 작품을 선택할 수 있어 그 즐거움이 매우 크다.

이제 한국 미술시장이 확장됨에 따라 미술 애호가들의 눈길은 해외시장으로 확장되었다. 그들은 자신의 취미를 위해 과감하게 외국으로 향한다. 같은 아시아권에서 열리는 홍콩의 아트 바젤, 일본의 도쿄 아트페어, 중국의 상하이 아트위크를 비롯해 현재는 대만의 아트페어나 싱가폴 등지로 입지를 점차 넓혀가고 있다.

사실 세계적인 규모의 아트페어는 스위스의 '아트 바젤(Art Basel)'에서부터 시작되었다. 1970년 스위스와 독일, 프랑스가 맞닿아 있는 바젤 지역에서 바이엘러 재단의 창시자로 유명한 '에른스트 바이엘러'의 주도로 당시 10개국의 90개의 갤러리가 참여하면서 본격적인 아트페어의 시대가 열렸다.

아트 바젤은 점차 그 규모가 확장되어 현재는 전 세계 300여 개가 넘는 갤러리가 참여하는 세계에서 가장 큰 행사가 되었다. 또한 이 행사는 미국의 '아트 마이애미비치(Art Miamibeach)'를 비롯해 '아트 바젤 홍콩(Art Basel Hongkong)'을 탄생시키는 배경이 되었다.

[14] [14-1] [14-2]
홍콩 아트 바젤의 모습

아트 바젤 탄생 4년 뒤인 1974년 10월에는 프랑스 파리에서 '피악(FIAC)'이라는 아트페어가 시작되었다. 피악은 전 세계 미술 애호가들을 파리로 불러 모으는 엄청난 성과를 내면서 대중성 면에서는 최고라 불릴 수 있는 행사로 거듭났다. 이러한 성공이 가능했던 이유는 바로 지역적 이점이 있었는데, 당시 피악을 중심으로 루브르박물관, 오르세 미술관과 퐁피두센터를 비롯해 크고 작은 아트페어가 곳곳에서 열렸기 때문이었다. 그래서 지금도 피악이 열리는 기간은 파리의 아트 페스티벌로 불리고 있다.

미국은 미국적인 성격을 가장 잘 반영한 '시카고 아트페어(Expo Chicago)'가 가장 유명하다. 이곳에서는 주로 미국 아티스트 위주의 작품을 감상할 수 있으며, 앞서 언급한 두 아트페어보다 상업적인 모습을 좀 더 찾아볼 수 있다. 시카고 아트페어는 1980년부터 시작해 매해 4월에 열리는데, 이곳에서는 주로 현재 가장 활발하게 활동하는 작가들의 작품을 만나볼 수 있으며, 현대미술 트렌드를 파악할 수 있다는 장점이 있다.

이제 미술을 좋아하는 사람들의 발길은 세계 속 많은 미술 행사로 향하고 있다. 이는 갈수록 더욱 다양하고 많은 작품을 보고 싶어하는 사람들의 욕구를 보여준다. 현대 사회는 자신이 좋아하는 것을 전문적으로 하는 사람들이 늘고 있으며, 자신의 취미를 위해 해외로 나가는 등 자신의 삶에 과감히 투자하는 시대다. 그래서 한국의 미술 애호가들도 이제는 자신이 원하는 그림을 보기 위해 과감하게 떠난다.

　이와 같은 현상은 미술에 대한 한국 대중의 수준이 향상되었다는 것을 말해준다. 더불어 국내 문화와 예술도 빠르게 성장하고 있다는 긍정적 신호로 볼 수 있다.

코리아 아트위크

　각 나라마다 그 나라를 대표하는 아트페어를 중심으로 2주 정도 다양한 전시를 보여주는 기간이 있다. 이 시기에는 아트페어를 중심으로 전 세계 미술관과 갤러리가 준비한 다양한 전시들이 열리는 '미술축제'가 펼쳐지는데, 이를 '아트위크(Art Week)'라 한다.

　뉴욕의 경우, 9월 둘째 주에 아모리(Amori) 쇼를 중심으로 갤러리들의 다양한 문화행사가 열리는 '뉴욕 아트위크'가 있다. 이 기간 동안 뉴욕은 현대미술의 중심지답게 전 세계의 유명 인사와 미술 애호가, 세계적인 예술가들로 북적인다. 회화, 조각, 디지털 작품을 비롯해 설치미술 및 온라인 전시 등 다양한 형태의 다채로운 전시가 나열되며, 최근에는 미술계의 새로운 관심사인 NFT 디지털 아트마켓 기획전시도 선보였다.

　독일에서 열리는 '베를린 아트위크'는 9월 말에 시작된다. 베를린 주립 미술관을 비롯해 페르가몬 박물관과 전 세계의 여러 갤러리가 참여한다. 그중 'ABC아트베를린컨템포러리'라고 하는 예술가들의

초보 아트 컬렉터를 위한 멘토링

다양한 작업을 보여주는 이벤트는 미술 애호가들의 큰 인기를 차지한다. 이 기간 동안 베를린은 뉴욕과 마찬가지로 인산인해를 이룬다. 그 외에도 '마이애미 아트위크', '싱가포르 아트위크' 등 동서양을 불문하고 예술이 존재하는 대부분의 나라에는 모두 '아트위크'라는 미술 주간이 있어 마음껏 예술을 보며 축제를 즐길 수 있다.

[15]
한국에서 개최된
2022 프리즈 아트페어

최근 우리나라에도 '코리아 아트위크'가 생겼다.

'코리아 아트위크'는 10월 중 2주 정도 진행되는데 전국의 국공립 미술관을 비롯해 서울의 메이저급 갤러리와 크고 작은 갤러리, 대안공간 등도 참여한다. 독특하게도 이 기간 동안 서울을 중심으로 전국 300여 개 이상의 갤러리와 전시기관이 함께하기에 사실상 코리아 아트위크는 전국적인 규모의 큰 행사라 할 수 있다.

코리아 아트위크 때는 한국화랑협회가 주관하는 '키아프(한국 미술 아트페어)'와 서울과 지방 곳곳의 크고 작은 비엔날레, 엑스포 등도 열린다. 미국과 유럽, 일본이나 중국 등의 해외 갤러리도 참여하며, 2022년 처음으로 개최된 프리즈 아트페어로 인해 더욱 많은 외국 작가들의 작품도 만나볼 수 있게 되었다.

아트위크 시즌에 아티스트들은 다양한 아이디어로 기획된 자신의 작품을 선보인다. 그리고 사실상 1년 중 가장 많은 미술품이 쏟아져 나오는 시즌으로 미술 애호가나 갤러리 입장에서도 모두 축제 기간인 셈이다.

근래 들어 '코리아 아트위크'는 한국의 범위를 넘어서 세계 유수 갤러리와 나란히 서서 경쟁하는 '글로벌 아트마켓'으로 거듭나고 있다. 이에 맞춰 유통구조 역시 변했으며, 경매시장도 대호황을 맞았다. 해외 화가들의 작품도 전과 다르게 한국에서 많이 대중화되었고 인지도도 높아져 활발하게 거래된다. 이는 해외 미술계와의 교류가 전보다 훨씬 활발해졌음을 증명한다.

젊은 컬렉터들은 온라인 플랫폼을 이용해 미술품을 간단한 방법으로 구매하는데 이 역시 전과는 달라진 모습이다. 그동안 독자적으로 움직였던 한국 미술시장이 이제는 글로벌 동향에 발맞춰 가고 있는 것이다. 이렇듯 한국 미술시장은 가파르게 성장하고 있다.

물론 해외 화가들에 비해 해외에 선보일 만한 한국 화가의 수가 부족한 점은 있다. 하지만 한국 미술에 대한 인지도와 관심이 높아졌고 한국 미술시장의 지형이 완전히 변화된 것은 사실이다. 한국 미술은 한국만의 독특한 특성을 가지고 있고 전 세계가 관심을 가지고 지켜보고 있다. 그리고 코리아 아트위크 시즌에 전 세계 미술 분야에서 일하는 사람들의 발길이 한국으로 향했다는 점은 한국 미술 발전에 매우 긍정적인 신호다.

세계가 주목하는
한국 근현대 화가들

글로벌 미술시장에서 주목받는 한국 미술의 배경에는 한국 근현대 화가들이 존재한다. 그들은 '블루칩 화가'라 불리며, 미술관과 갤러리, 옥션 등을 통틀어 거장다운 면모를 보여주고 있다.

한국의 거장이라 불리는 근현대 화가들은 대부분 1940년대 이전에 태어났다. 그들은 일제 강점기와 분단이라는 격변의 시기를 거치며 화가로 활동했고, 암울한 시대적 환경에도 불구하고 화폭에 깊이와 역량이 고스란히 묻어난다.

우리나라의 근대미술은 일본과 서양 미술의 영향을 많이 받았다. 1950년 이전, 우리나라에는 미술대학이 없었다. 당시 화가가 되고자 했던 김환기와 이우환, 천경자 등 미술학도들은 미술교육을 제대로 받기 위해 일본으로 건너가야만 했던 세대다. 그 후 1950년대 국내 최초로 서울대학교와 홍익대학교에 미술과가 생겼으며, 현재 한국의 근현대 화가들로 알려진 대부분의 화가들이 이 대학들을 졸업했다. 그러나 화가들은 졸업 이후 한계를 느끼며, 서양화의 발상지인 파리나 일찍부터 서양 미술을

132

받아들였던 일본으로 유학을 떠났다. 이렇게 한국 미술은 유학파 화가들이 서양 미술을 접하면서 시작되었지만, 이를 점차 우리만의 스타일로 만들어 가는 방식으로 확립되었다.

그래서 한국의 근대미술은 매우 독창적인 방식을 보인다. 얼핏 서양 미술 같지만 우리나라만의 향토색과 고유한 독창성이 작품 속에 스며 있다. 즉 한국만의 미술로 완전히 독립한 것이다. 예를 들면, 1950년대 중반 시작되었던 아방가르드 미술은 유럽에서 발생했지만, 우리만의 고유색을 가진 채 '한국 아방가르드'로 자리 잡았으며, 엥포르멜 미술 역시 '한국 엥포르멜'이라는 관점으로 '한국적인 것'이 자리 잡고 있다. 지금 한국 단색화에 이어 한국 엥포르멜과 아방가르드 미술이 주목받을 수 있는 이유는 바로 이를 만들기 위해 무던하게 애를 썼던 근현대 화가들의 노력이 있었기 때문이다. 이러한 노력들이 현재에 와서 재조명받는 것이다. 그렇게 자신의 자리에서 평생을 치열하게 새로움을 찾아 고민했던 한국의 근대 화가들. 그들의 노력이 있었기에 우리나라 미술이 'K-ART'라는 이름으로 널리 알려질 수 있었다.

한국의 거장과 한국 근현대 화가들의 면모를 살펴보자. 우리나라 아방가르드의 선구자 '김구림' 작가는 자신의 그림이 팔리기 시작하면, '아, 나는 망했구나. 다시 새로운 작업을 생각해 보자'라며 늘 새로운 길을 모색했다. 현재 80세가 된 이강소 작가는 지금도 예술이 담을 수 있는 이미지와 현실 사이에서 늘 고뇌한다고 한다.

1942년생으로 불과 수년 전부터 작업을 인정받기 시작한 이건용 작가는 자신만의 독창적인 세계가 대중에게 이해되기까지 평생의 시간이 걸렸지만, 자신의 작업을 결코 포기한 적이 없었다. 그 결과 지금은 세계적인 갤러리의 전속 화가로 세계에 이름을 알리기 시작했다. 이 외에도 이

133

우환, 박서보 같은 화가들 역시 한국의 단색화를 전 세계에 알리는 데 큰 역할을 했으며, 동시에 'DANSEAKHWA'라는 한국의 미술사조를 만들어 냈다.

한국 미술은 불과 2년여 전까지만 해도 '단색화'로 대변되는 미술이었다. 하지만 점차 단색화를 넘어 엥포르멜이나 아방가르드 미술을 선보이며 재조명받기 시작했다. 더불어 전 세계의 내로라하는 미술관에서는 한국의 전시를 기획 중이다. 이러한 현상은 앞으로 한국의 미술이 세계 미술시장에서 위상을 떨칠 수 있다는 희망을 준다.

한국 미술의 장밋빛 미래, 그것은 '한국 근현대 화가'들이 일생을 바쳐 탄탄한 작업을 했기에 가능한 일이었다.

PART 3

이제는 상식!
현대미술!

05

현대미술의

101가지 매력

현대미술의 백미(白眉),
추상미술과 개념미술

추상미술,
상상(想像)의 무한한 날개를!

수년 전부터 한국에서는 김환기, 이우환, 박서보, 김창열, 이응노 등 한국 근현대 모노크롬 화가들의 전시가 활발해지는 등 추상화 열풍이 한창이다. 한때 소외되었던 추상화는 이제는 수억 원대의 작품가를 호가하며 미술계를 점령하고 있다. 사실 현대미술 에서 추상화가 이토록 주목받는 현상은 불과 몇 년 되지 않았으며, 그 이전의 추상화는 난해하고 복잡하다고 치부되며 대중에게 소외 된 그림이었다.

'그림은 멋진데 도대체 무얼 표현한 것일까?'

'너무 멋진 그림이다. 하지만 어렵고 딱히 설명할 길이 없다', 이 것이 바로 추상화다. 우리는 그림을 감상할 때 보통 구체적인 설명 을 원한다. 추상화의 경우에는 더욱 그렇다. 추상화를 감상할 때 설 명이 없다면 우리는 그림 앞에서 멍해져 버린다.

만약 우리가 처음 미술작품을 접한다면 추상화를 접할 가능성이 가장 크다. 그런데 추상작품은 감상자의 지적 수준을 적나라하게 드러낼 것만 같아서 설명 없이는 그림을 보는 일이 왠지 부담스럽 다. 그렇다면 추상화란 무엇이며 어떻게 감상해야 할까?

추상화를 가장 간단하게 구분하는 방법은 우리가 그림을 봤을 때, 캔버스 안에서 대상을 찾을 수 없는 그림이면 추상화다. 추상 화가 는 대상을 철저하게 자신의 관점에서 보고 이를 심화시켜 그림을 그린다. 즉, 추상화는 회화의 본질에 가장 가깝게 표현한 그림이라 고 할 수 있다.

'현대미술의 꽃'이라고 불리는 추상미술은 한국 미술계의 호황기 와 더불어 대중이 자주 접하면서 익숙해졌지만, 여전히 미술 입문자 들에게는 난해한 영역이다. 미술사와 철학을 어느 정도 알아야지 감 상할 수 있는 그림이라 여기기도 한다. 하지만 이는 잘못된 생각이다. 추상화는 알고 보면 감상자를 배려한 가장 쉬운 그림이다.

대개 회화를 감상할 때 우리는 자유롭게 감상할 수 있다. 예를 들 면, 그 그림이 아름다운지, 쓸쓸한지 등 느껴지는 감정 그대로 감상 하면 된다. 그런데 그 그림들을 감상할 때 작품의 주제나 화가의 의도가 담긴 내용을 변질시켜서는 안 된다. 또 그림의 소재를 볼 때도 화가가 사람을 그렸는데 우리가 그 사람을 나무나 돌이라고 생각해서도 안 된다.

하지만 추상화를 감상할 때는 이와 다르다. 감상부터 주제까지, 같은 소재를 놓고서도 얼마든지 상반된 감상을 할 수 있다. 즉, 추상화 감상에서 정답은 없으며, 오직 감상자의 느낌이나 생각만이 정답인 것이다. 쉬운 예로 이응노의 〈문자추상〉을 떠올려 보자. 언뜻 보기에 〈문자추상〉은 어떤 의미도 없어 보인다. 하지만, 이를 가만히 들여다보면 보이지 않았던 이미지들이 떠오른다. 사람, 동물, 식물, 특정 사물 등 감상자의 관점에 따라 다양한 이미지들이 펼쳐진다. 한자와 한글의 점과 획이 무한한 조형성을 이루며, 이런 것들이 한데 어울려 감상자의 상상력을 깨우는 것이다. 이렇듯 추상미술은 화가가 모든 것을 창조하고 감상자가 그것을 무조건 받아들이는 방식이 아닌, 관객 스스로가 작품을 창조적으로 해석하고 새로운 의미로 받아들인다는 점에서 상상의 무한한 확장성을 가진다고 할 수 있다.

추상 화가들 역시 자신의 작품을 통해 감상자들이 자유자재의 감정으로 감상하며 많은 것을 얻기를 바란다. 현대미술에서 추상화의 인기는 날이 갈수록 높아지지만, 아이러니하게도 대부분의 사람들은 여전히 형태를 확인할 수 있는 회화를 편하게 여긴다. 사실 자유롭게 생각하고 느낄 수 있다는 점을 생각해 보면 추상화 감상이 더 쉬운데, 그동안 정해진 감상법의 교육이나 도슨트에 익숙해진 감상

PART 3 이제는 상식! 현대미술!

자 입장에서는 여전히 추상화는 어려운 영역인 것이다.

감상에 있어 정답은 없지만, 추상화와 친해지기 위해 기본적인 추상화 감상법을 알아보자.

일단 추상화를 감상할 때, 중점적으로 봐야 하는 것은 작가가 무엇을 그렸는지가 아니다. 사람의 감정이나 생각, 혹은 자연을 통해 느끼는 감정 등 작가가 무엇을 표현했는지에 포커스를 맞춰야 한다. 또 어떤 형상이나 메시지를 찾기보다 그림의 균형과 조화, 색채의 배열과 재료는 무엇을 썼는지 등 전체적인 이미지를 살펴보는 것을 감상의 시작으로 하면 그림이 좀 더 친밀하게 다가올 수 있다.

주로 추상화는 감상자 마음의 흐름대로 자유롭고 폭넓게 감상하면 되는데, 혹시 내 감상이 틀릴까 하는 염려는 잠시 접어두자. 전시회에 가기 전에 미리 작가의 정보나 배경을 알아본 후 전시를 보는 것 또한 도움이 된다. 아니면 반대로 그림을 본 후, 작가의 정보나 배경을 알아봐도 좋다.

아직도 추상화를 어렵게 느끼는 독자를 위해 게르하르트 리히터 (Gerhard Richter)의 작품을 보며, 추상화 감상의 방법을 알아보자.

[16] 게르하르트 리히터, 〈무제(Untitled)〉
Limited Edition

"리히터의 작품을 우리는 '포스트모던'이라 부른다. 그 이유는 그의 작품은 정신적 분위기의 특성을 그대로 드러내기 때문이다. 그의 작품은 규정되지 않고, 제약이 없으며 불확실성을 띤다. 리히터는 추상적인 회화, 모노크롬, 미니멀리즘을 작품 안에서 모두 표현하는 작가라 다원주의 작가로 분류되기도 한다. 그런데 리히터의 이런 면모는 그의 개인사와 관련이 있을 것으로 생각된다.

동독의 드레스덴에서 태어난 리히터는 베를린 장벽이 세워지기 몇 달 전, 서독으로 탈출하면서 작품 활동을 시작했다. 히틀러와 스탈린의 2개의 전체주의를 체험한 그는 이데올로기를 극도로 싫어했는데, 바로 이러한 부분이 작품에 반영되지 않았을까 싶다"

　사실 현대미술작품의 감상을 예로 드는 것은 매우 위험하다. 대부분의 현대미술 화가는 자신의 작품에 대해 해석을 하지 않기 때문이다. 그런데 추상화의 경우, 제시한 감상의 예와 같이 히스토리를 배경으로 짐작해 보는 감상법도 있다. 또 작품의 색을 보고 작가의 심경이나 삶을 추측해 보는 단순한 감상법, 나아가 그림을 보며 내 감정의 변화를 느껴보는 감상도 충분히 적용해 볼 수 있다.

　이처럼 다양한 방법으로 추상미술을 즐기면서 나만의 감상을 하다 보면, 어느 순간 추상화의 매력에 빠져 추상화가 더 이상 어려운 그림이 아닌 친근하고 매력 있는 그림으로 다가와 어느덧 한 작품 앞에서 한참 동안 서 있는 자신을 발견할 수 있을 것이다.

예술가의 철학과
순수성을 담은 개념미술

'앤디 워홀(Andy Warhol)이 전시장에 가져다 놓은 캠벨 수프 깡통'
'마르셀 뒤샹(Marcel Duchamp)이라고 하면 떠오르는 변기,
< 샘(Fontaine) >'

개념미술이란, 개념을 통해 이루어진 예술의 형태를 말한다. 사전적 의미로는 물질적인 측면은 배제하고 비물질적인 측면, 즉 '관념성'을 중요시하는 미술이 개념미술이다. 이를 풀어 설명하면, 화가가 캔버스 위에 어떤 재료를 사용해 무엇을 어떻게 그렸느냐에 의미를 두기보다는 화가의 의도(개념)가 중요하다는 뜻이다. 그래서 개념미술은 보통 '보이지 않는 미술'이라 불린다.

개념미술의 감상법은 당연히 회화와는 조금 다를 수밖에 없다. 감상자들은 작품에 어떤 재료가 사용되었으며, 작품의 구도는 어떤지 생각할 필요가 없다. 그저 화가가 창조적으로 선택한 무언가에 어떤 의미를 부여했는지 파악하면서 감상하면 그만이다.

개념미술의 선구자는 '마르셀 뒤샹'이다. 그는 예술가의 역할에 대해, "예술가란 물질을 교묘하게 치장하는 사람이 아니라, 미(美)의 고찰을 위해 존재한다"고 정의했다. 바로 이것이 오늘날 개념미술의 근본미학(美學)이 되었다. 뒤샹은 작품 활동에서 대상물에 자신이 의도한 미술의 개념을 삽입한 후, 이를 미술작품으로 변신시켰다. 당시로는 가히 혁명적인 발상이었다. 그래서 당대 전통 회화를 하는 예술가와 대중은 뒤샹의 개념미술을 '날로 먹는 예술'이라 취급하며 인정하지 않았다. 그러다 현대미술이 본격적으로 시작되며 '예술에 있어서 중요한 것은 생각을 바꾸는 것이다'라는 의견에 동조하는 사람들이 늘어났고, 그 후 뒤샹은 인정받을 수 있었다.

그로부터 100년이 지난 현재의 개념미술은 어떨까?

개념미술은 지금도 그 영역이 어디서부터 어디까지인지, 또 그 작품의 가치는 어떻게 매겨지는지에 대해 모호한 부분이 있다. 통상적으로 개념미술이라고 하면 그 시작은 순수 아티스트의 의지에서부터 출발해 사회에서 큰 이슈가 되었을 때 작품으로 인정받게 되고 덩달아 작품가도 높게 형성된다. 그래서 일반적인 경우 미술시장에서 순수 개념미술의 작품가는 정하기가 매우 어렵다. 설령 작품가가 정해진다고 해도 이를 인정하는 사람이 드물고, 또 근래에 들어서는 개념미술을 복합적인 형태로 진행하는 아티스트가 많기 때문에 이를 어떤 장르로 봐야 할지 난감해하기도 한다.

그리고 실체가 존재하지 않는 개념미술작품은 어떻게 소장할 수 있을지도 의문이다. 보통 개념미술을 구매해 소장한다는 것은 물질적인 의미의 소장은 아니다. 개념미술을 소장하는 것은 작품이 가진 이미지의 권리, 마케팅에 대한 모든 권리를 소장하는 것을 말한다. 소유자는 이러한 권리를 최대한 활용해 상업적인 영역에서 수익을 창출하거나, 마케팅할 때 전달하고자 하는 의미를 개념미술의 도움을 받아 자연스럽게 전달하는 것이다.

사실 개념미술은 이미 우리 삶과 실생활 곳곳에 창의적인 아이디어로 침투해 있다. 그래서 이를 단순히 거품으로만 여기는 태도는 옳지 못하다. 또 개념미술은 상업성과는 뗄 수 없는 불가분의 관계에 있다고 할 정도로 이미 현대미술에서 넓은 영역을 차지하기에 그 영향력을 무시할 수는 없다.

하지만 아쉬운 점도 있다. 개념미술은 아티스트의 제작과정이나 아이디어로 평가하는 미술이기에 일시적·한시적이라는 특징이 있다. 그래서 다른 회화나 조각작품처럼 물질적으로 남지 않아, 두고 두고 감상할 수 없다. 아쉽더라도 작품의 실체가 아닌 사진이나 기록으로만 기억해야 한다.

오늘날 수많은 아티스트와 일부 대중은 여전히 개념미술을 예술의 한 장르로 인정하지 않는다. 하지만 예술은 '방법론'에 기초하고 있다. 즉, 어떤 예술가가 예술품을 제작할 때 자신의 관념이나 철학을 작품에 반영하기 위해 그것이 어떤 장르에 속하며 어떤 재료를 어떻게 선택하고 표현하느냐는 바로 아티스트의 자유의지에 달려 있다는 것이다. 이런 관점에서 본다면 개념미술 역시 현대미술의 한 장르로 인정받아야 한다. 예술을 논할 때 중요한 점은 재료와 제작 방식이 아니라, 작품에 내재된 예술가의 확고한 철학과 순수성이라는 것을 반드시 기억하도록 하자.

현대미술을
현대미술답게 인식하는 태도

앞서 살펴본 추상미술과 개념미술을 이야기할 때, 항상 따라오는 말이 '현대미술은 어떻게 장르를 구분할 수 있느냐' 하는 것이다. 특히 형태를 알아보기 힘들거나 실체가 있는 작품으로 남아 있지 않는 경우에는 더더욱 장르를 구분하기 힘들어진다.

1935년 뉴욕현대미술관 초대 관장인 알프레드 바(Alfred H. Barr, Jr.) 는 "모든 현대미술은 구체적 형상을 다루고의 여부를 떠나 모두 '추상'이다"라고 표현했다. 그는 작품에 형상이 존재하느냐 아니냐에 따라 기하학적 추상과 비기하학적 추상으로 나뉜다고 말했다.

추상주의의 사전적 의미는 점, 선, 면, 형, 색 등의 순수한 조형 요소만으로 자신의 느낌을 표현한 작품을 의미한다. 그런데 현대미술 작품 중 포르말린에 담긴 죽은 소, 천장 높이로 매달려 있는 말 등과 같은 작품처럼 형상은 있지만, 의도에 따라 충분히 추상작품으로 분류할 수도 있는 작품도 존재한다.

독일의 경우, 1937년 뮌헨에서 모든 미술의 '퇴폐'를 청산한다는 이유로 '퇴폐 미술제'가 열렸는데, 세계적으로 악명 높았던 나치들에게 탄압의 대상이 된 것이 바로 '20세기의 모든 아방가르드 예술'이었다. 즉, '퇴폐 미술제'는 추상작품에 대한 표현방식의 정신성을 탄압한 것이었다. 이것은 추상작품의 범주가 단순히 외형적인 것에만 국한된 것은 아니라는 것을 시사한다.

현대미술은 '장르'라는 틀로 한정 짓기에는 복잡하고 모호하다. 장르를 구분 짓기에는 너무 많은 부분이 뒤섞여 있기 때문이다. 색채나 소재, 기법을 넘어 이제는 표현 목적과 철학마저도 어떤 한 장르로 구분 짓기 힘들 정도로 다양해진 것이 현대미술이다. 예를 들면, 어떤 작품은 서양화의 캔버스에 동양적인 소재나 재료를 사용하고, 어떤 작품은 서양화로 완벽히 표현되지만, 재료부터 소재까지 한국화에 가까운 작품들도 있다. 게다가 가끔 등장하는 레디메이드(기성 생산품)와 퍼포먼스는 어떤 장르로 해석할 것인가?

　따라서 우리는 작품 감상에 있어서도 예전과는 다른 방식으로 접근해야 한다. 보통 작품을 보고 가장 먼저 하는 질문이 "이 그림은 서양화인가요? 아니면 동양화인가요?"다. 이제 그런 질문은 진부하다. 그 작품은 그냥 현대미술작품이다. 이제 현대미술을 감상하기 위해 전과는 다른 방법을 택할 필요가 있다. 장르를 구분 짓거나 파악하려는 것을 넘어 작품이 전하려는 메시지나 작품에 담겨 있는 철학은 무엇인지 알아볼 필요가 있으며, 작품의 표현방식이 난해한 경우 그것이 작가의 의도인지 우연히 일어난 것인지 등의 다양한 관점에서 바라볼 필요가 있다. 우리가 넓은 시각으로 미술을 바라보는 것이 결국 현대미술을 현대미술답게 인식하는 올바른 태도가 될 수 있기 때문이다.

현대미술이
추구하는 것은 무엇일까?

현대미술?
컨템포러리 아트(Contemporary Art)!

현재 우리가 흔히 보는 미술을 현대미술이라고 표현한다. 하지만 엄밀히 말하면 현대미술이라는 용어는 17세기 이후부터 지속되어 온 서구 중심의 이성적 사유에서 20세기 중반까지 연결된 '모던아트(Mordern Art)'를 통칭하는 용어다. 모던아트 이후에 등장한 포스트모더니즘(Post Modernism)도 사실상 모던아트(Modern Art)에 속한다. 그래서 현재 우리가 부르는 현대미술은 진정한 의미의 현대미술은 아니며, '컨템포러리 아트(Contemporary Art)'라고 부르는 것이 더 정확한 표현이다.

이를 잘 보여주는 것 중의 하나가 바로 미술관의 이름들이다. 모던아트가 컨템포러리 아트가 되는 시기는 대략적으로 1980년대부터로 본다. 그 이전인 1929년 뉴욕에서 설립된 'MoMA'는 'Museum of Modern Art'의 줄임말로 현대미술관을 의미하며, 1986년 이후 서울에서 설립된 국립현대미술관의 영어 이름은 'MoCA' 즉, 'Museum of Contemporary Art'로 우리가 동시대미술을 현대미술이라고 부르는 것을 보여주는 대표적인 사례다.

동시대미술(Contemporary Art)은 탈모더니즘, 탈구조주의, 탈식민주의 등의 기존의 미술계가 유지했던 보수적 중심주의에서 탈피한 동시대의 문제들을 다루기 시작했다. 미술사적으로는 기존의 형식이나 심미에 치우치던 미술이 개념적이며 비판적인 미술로 완전히 새롭게 전환되고 진화한 것이다. 현재 현대미술이라 부르며 우리가 보고 있는 아티스트의 작품들은 대부분 동시대미술이고, 다만 우리는 편의상 이를 현대미술이라 부르는 것이다. 하지만 엄밀하게 말하면 19세기 후반 이후의 미술은 동시대미술이라고 부르는 것이 옳다.

1990년대 후반부터 시작한 동시대미술(Contemporary Art)에 대한 대중의 시선은 두 가지로 갈린다. 너무 가볍다는 시각과 너무 난해하다는 시각이다. 동시대미술작품들은 예술가 중심의 작품이라는 말이 있을 정도로 작품만 봐서는 무엇을 표현했는지 알아차리기가 쉽지 않다. 그런데도 작품에 그려진 점 하나, 동그라미 몇 개가 수십억 원에 달하는 경우도 있어, 일반적인 상식에서는 이해하기 쉽지 않으며 괴리감이 들기도 한다.

사실 동시대성이라는 단어는 그 자체가 난해하기도 하며, 또 현시대에 만들어졌다고 해서 전부 동시대성을 부여받는 것도 아니다. 실제로 모던아트 중에서도 시대성에 잘 부합하면 동시대미술이 되기도 한다. 예술은 시대적 산물이며, 시대의 변화에 따라 변하는 유동성이 존재한다. 특히 컨템포러리 아트는 이런 예술의 특성에 잘 부합한다. 고유한 목표가 없으며, 다원주의 시대에 맞게 새로운 시각에 따라 재빠르게 반응한다.

하지만 여전히 동시대미술의 명확한 정의는 내려지지 않고 있다. 또 지금까지의 미술사와는 다르게 그 끝이 어디일지 짐작하는 이도 없다. 다만 모두가 공감하는 것은 동시대미술이 자율성을 가진다는 점이다. 한번은 현대미술관에 전시된 작품 중 빈 병과 캔을 쌓아놓거나, 구겨진 종이더미와 빗자루를 함께 전시한 예술가가 있었는데, 미술관의 청소부가 이를 쓰레기로 오인해 빗자루로 치웠다는 일화는 동시대미술의 특징을 잘 대변해 주고 있다.

이처럼 우리가 난해하다고 표현하는 현대미술이 사실은 현대미술이 아닌, 동시대미술이라는 것 정도는 알고 미술을 접한다면 조금 더 깊이 있게 미술을 즐길 수 있을 것이다.

자유로운 현대미술,
그리고 자유로운 감상자

"예술의 시대는 끝났다"

예술 종언론을 내세운 독일의 철학자 헤겔(Georg Wilhelm Friedrich Hegel)의 말이다. 우리는 현대미술을 통상 '과거를 버린 예술'이라는 말로 표현한다. 이 표현에는 르네상스 이전의 미술과 현대미술을 구분 짓는다는 의미가 내포되어 있다.

확실히 현대미술은 복잡하고 난해하다. 현대미술은 과거 고전미술의 근간을 이루는 전제들을 부정한다. 즉, 고전미술에서 대상을 닮게 그리는 대상성을 부정함으로써 현대미술에서는 추상화가 완성되었으며, 원근법적 시각을 부정함으로써 큐비즘이, 고유의 색채를 부정함으로써 표현주의가 완성된 것이다. 이처럼 현대미술은 고전미술이 갖는 모방의 원리를 거부했다. 이런 변화는 카메라의 등장이 큰 영향을 주었으며, 그로 인해 현대미술은 대상성을 상실했고, 대상이 없기에 닮음을 찾는 것은 불필요한 일이 되었다.

현대미술을 대표하는 추상 화가인 몬드리안(Piet Mondrian)의 작품을 살펴보면, 우리는 그가 그린 그림의 소재가 무엇인지 감을 잡기조차 힘들다. 몬드리안은 소재를 최대한 단순화시켰다. 그의 작품에서 소재는 모두 사라졌으며, 단순함과 간결함이 이를 대신했다. 또, 마티스(Henri Matisse)는 색채를 기존의 기법과는 다르게 사용함으

153

로써 고전미술이 갖고 있던 색채감을 완전히 상실시켰다. 이처럼 색채도, 형태도 모두 해체되고 사라진 그림들을 우리는 현대미술이라고 한다.

우리는 보통 그림을 감상할 때 제일 먼저 드는 생각이 '이 그림은 무엇을 그렸을까?'이다. 이것은 가장 먼저 그림에서 대상을 찾는 것인데, 일정한 틀에 익숙한 우리에게는 당연한 것이다. 하지만 사실 현대미술에서 우리가 식별하고자 하는 대상은 없다. 그래서 난해하고 모호하다고 느끼는 것이다. 그렇다면 현대미술 화가들은 작품에서 무엇을 그렸을까?

호안 미로(Joan Miro)의 〈회화〉라는 작품을 보자. 몇 시간을 그림 앞에 서 있어도 우리는 그가 무엇을 그렸는지 알 수 없다. 그저 그림 앞의 제목을 보고 유추하려고 노력할 뿐이다. 파울 클레(Paul Klee)의 작품 〈지저귀는 기계〉를 봐도 마찬가지다. 도대체 작가가 왜 그렇게 표현했는지 매우 궁금하지만, 찾아봐도 소용이 없다. 사실 그들은 아무것도 재현하려 하지 않았기 때문이다.

호앙 미로와 파울 클레를 넘어 바실리 칸딘스키(Wassily Kandinsky)에 이르기까지, 현대미술은 대상성을 탈피하였고 자유로운 배열의 재현이 시작되었다. 미술평론가들과 섬세한 감각을 지닌 감상자들은 이들의 작품에서 '음악성'을 느꼈다. 특히 칸딘스키는 의도적으로 회화를 음악에 접목했다. 그는 회화의 표현을 '선율적 구성'이나, '교향악적 구성'이라고 표현하며 음악을 시각적으로 보여주었고, 완전혀 새로운 미술을 선보이며 추상미술의 창시자로 거듭났다.

더 나아가 현대미술에서 대상마저 사라지면서 그 논리도 명확하지 않아 작품과 일상적 사물의 경계 또한 모호해졌다. 미국 작가 로버트 라우센버그(Robert Rauschenberg)의 〈침대〉라는 작품을 보면 우리가 쓰는 평범한 침대를 페인트칠을 해서 그대로 걸어놓았다. 또, 현대미술의 악동이라 불리는 이탈리아 출신 화가 마우리치오 카텔란의 경우에는 전시장에 바나나를 박스 테이프로 붙여놓았다. 이렇듯 이제 일상에서 무엇이 미술이 될지 알 수 없는 상황이 되었다.

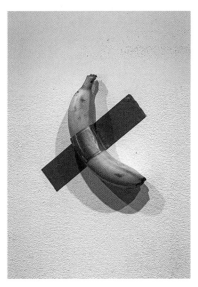

[17] 마우리치오 카텔란 〈코미디언(Comedian)〉
2022, 바나나&박스테이프, 리움미술관

그렇다면 현대미술이 추구하는 것은 무엇일까?

현대미술을 추구하는 사람들은 현대미술이 형식의 미학이 아니므로 진리를 전달할 필요도, 대중을 이해시킬 필요도 없다고 말한다. 그저 아름답기만 하면 된다고 주장한다. 그런데 현대미술 초기의 회화에서 후기로 넘어가면서 예술가들은 미술의 목적인 이 아름다움마저 표현하길 거부했다. 이제는 현대미술이 추구하는 목적에서도 다양한 시각이 존재하게 된 것이다.

이제 현대미술은 작품만 보고서는 도저히 이해하기 힘든 것이 되었다. 게다가 작품의 가치 평가 역시 내재된 철학으로 대신하는 경우가 많아, 일부에서는 현대미술을 사기성이 가미된 예술로 보는 부정적인 시각들도 존재한다.

그렇다. 현대미술은 막연하다. 하지만 현대미술은 놀랍고, 획기적이며 파격적이다.

현대미술은 형체도 없고, 더 이상 아름다움만을 추구하지도 않는다. 또한 철학의 과잉으로 지나치게 관념적이기도 하다. 하지만, 현대미술은 역사적이고 철학적인 쟁점을 제시하며 끊임없이 감상자에게 질문을 던진다. 또, 크게는 세계관을 내놓기도 한다.

사실 현대미술 이전의 미술사조도 수많은 예술가에 의해 그 이전의 미술을 회의하면서 등장했으며, 현대미술 또한 그 흐름선상에 놓여 있다. 다만, 크게 달라진 점은 기존 예술은 감상자가 주어진 가치를 감상하는 수동적 위치에 있었다면, 지금은 미술작품을 통해 스스로의 가치를 충분히 규명할 수도 있게 되었다는 것이다. 결국 현대미술은 감상자가 작품을 통해 창작자와 함께 주체가 되고, 근원적인 것을 함께 고민함으로써 예술이 우리 삶에 주는 가치를 찾아주는 소중한 매개체라고 할 수 있을 것이다.

난해한 현대미술?
No! 알고 보면 일상 속 미술!

너무나 친숙하지만
잘 몰랐던 옵아트(Op Art)

팝 아트(Pop Art)는 익숙한데, 옵아트(Op Art)라는 용어는 왠지 낯설다.

옵아트(Op Art)는 어떤 예술을 말하는 것일까? 옵아트는 팝 아트의 상업성과 지나친 상징성에 반대하여 탄생한 미술의 한 장르로, 옵티컬 아트(Optical Art)의 줄임말이다. 옵아트는 마치 4D를 보는듯한 착시 효과를 일으키는 그림을 말하는데, 그 시조는 몬드리안(Piet Mondrian)이며 이를 발전시킨 사람이 바로 옵아트의 대표작가인 빅토르 바자렐리(Victor Vasarely)다.

옵아트는 매우 과학적이고 계산적인 자연과학에 가까운 미술이다. 작가의 철저한 계산에 따라 선의 구부림이나, 기하학적 도형의 왜곡, 수축, 팽창 등을 통한 착시현상을 일으키며, 마치 그래픽 디자인을 보는듯하다. 옵아트는 디자인 업계나 패션업계에 큰 영향을 미쳤다. 하지만 다른 아트와는 다르게 작가의 사고 세계와는 무관하며, 착시현상을 이용해 즐기는 미술이기 때문에 예술로서 대중에게 큰 지지를 받지는 못했다.

사실 옵아트는 추상미술의 한 동향으로 볼 수 있다. 이는 기존 미술품의 관념적인 개념에 대해 반동적 성향을 보이며, 기존 미술품에 비해 매우 조직적이고 지적이다. 또한 그래픽 작품이기 때문에 차가운 느낌을 주며, 기존 미술품이 갖는 특별한 사고나 정서적인 매력은 존재하지 않는다.

하지만 옵아트는 다른 미술에 비해 가장 대중화된 예술이라고 할 수 있다. 옵아트를 이용한 디자인이나 과학, 혹은 다른 회화와는 우리 실생활에서 흔하게 접할 수 있기 때문이다. 이를 응용한 대표적인 예가 바로 한때 엄청난 유행을 가져왔던 트릭아트와 홀로그램이다. 이는 옵아트와 과학의 접목을 통해 만들어졌으며, 유명 브랜드 '발렌티노', '생 로랑' 외에도 많은 명품 브랜드와의 컬래버레이션을 통해 제품을 생산했다. 또 텍스타일 디자인 부분의 기하학적인 무늬도 옵아트에서 비롯되었으며, 필기구로 유명한 파버 카스텔에서 옵아트 만년필을 출시하기도 하는 등 다양한 분야에서 옵아트를 찾아볼 수 있다. 이처럼 옵아트는 장식적인 용도로 일상의 꽤 많은 분야에 적용되면서 흔하게 볼 수 있는 대중 예술이 된 것이다.

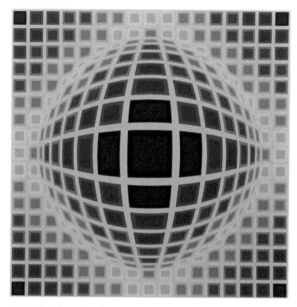

[18] 인테리어로 쓰이고 있는 우리 주변의 옵아트, 빅토르 바자렐리(Victor Vasarely)
⟨Louisiana I⟩, 1985, Screenprint, 71.1×72.4cm

　그러나 옵아트의 원래의 목적은 시각적 영역을 확대하려는 것에
서 비롯되었다. 하지만 옵아트는 이를 실현하지 못한 채, 눈의 착각
에 의한 시각을 절대화했고 오히려 그것이 눈을 제약하는 것에 그
치게 되었다. 결국 옵아트는 팝 아트의 상업주의를 철저하게 비판
하며 탄생한 미술이지만, 아이러니하게도 가장 상업적인 수단의 미
술이라고 할 수 있다.

　그렇게 옵아트는 예술품이 가진 정체성을 확실하게 구현하지 못
했고 그 한계를 드러내며 미술계에서 소외받게 되면서 대중에게 옵
아트라는 새로운 양식을 심어주는 데 실패했다. 그에 반해 옵아트

가 디자인이나 패션계에 미친 영향은 엄청나다. 옵아트는 미니멀리즘 양식을 탐구하는 바탕이 되었으며, 비록 미술계에서는 비주류라는 오명을 썼을지라도 오늘날까지 대중의 일상에 살아남은 대중과 가장 가까운 예술이라는 점은 높게 평가할 부분이다.

아트 마케팅, 어디서 본 것 같은데?'

'TV 속 상품의 광고가 낯설지 않다'

언제부턴가 TV 광고나 잡지 등 대중매체에서 예술을 접목한 광고가 물밀듯이 등장하기 시작했다. 이는 기업에서 생산한 제품이나 서비스를 현대인의 문화 코드가 통하는 아트와 결합해 마케팅 활동을 펼치는 것이며, 이를 '아트 마케팅'이라고 한다. 아트 마케팅은 기업과 제품의 이미지를 만들거나 개선해서, 소비자들의 감성을 자극해 궁극적으로 기업의 이윤을 창출케 하는 수단으로 사용된다. 그래서 많은 기업들이 이미지 향상이나 관리를 위해 전략적으로 아트 마케팅을 활용한다.

실제로 아트 마케팅의 영향력은 상당하다. 광고에 접목된 어디서 본듯한 아트에 대중의 관심이 쏠리고, SNS나 여러 커뮤니티를 통해 해당 광고가 패러디되거나 재생산되기도 한다. 즉 기업은 아트 마케팅을 통해 다양한 소비자의 감성적 욕구를 충족시키면서도 원하는 목표에 쉽게 이르는 멀티 효과를 누릴 수 있는 것이다.

현대 사회는 매우 빠른 속도로 기술혁신이 되고 있으며, 물질적으로 풍요로운 사회가 되었다. 이에 따라 새로운 소비와 문화 형태에도 변화를 가져왔다. 각자의 개성에 맞게 소비하는 현대인들은 자신이 좋아하는 것을 택하고, 자신이 원하는 것을 소비하는 삶을 살게 되었다. 개개인의 취향에 맞게 소비하는 새로운 문화 형태가 생겨났으며, '아티젠'이라는 신조어도 만들어졌다. '아티젠(Artygen)'이란, 아트(Art)와 제너레이션(Generation)의 합성어로 아트가 가미된 소비를 하며 만족하는 소비 집단을 일컫는다.

또, 우리 주변에서 흔히 볼 수 있는 문화적 현상으로는 '커스텀'이라는 것도 있다. 커스텀은 쉽게 말해 주문 제작 정도로 해석할 수 있는데, 자신이 원하는 취향에 맞는 제품을 디자인하거나 재가공한 제품을 구매하는 것을 말한다. 취향과 개성을 중요시하는 소비자를 위한 '커스텀 제품'이 트렌드가 된 것이다. 커스텀 외에도 자신이 원하는 것에 맞춘 소비문화는 이미 우리 생활에 침투되어 있으며, 기업은 이런 소비자의 니즈에 맞게 아트를 마케팅 도구로 적극 활용하고 있다.

아트 마케팅은 이제는 마케팅이라 느껴지지 않을 정도로 익숙해졌다. 이전에 아트라 함은 우리가 벽에 그림을 걸고 아름다움을 느끼기 위해 의도적으로 감상하던 것이었던 점을 생각하면 정말 엄청난 발전이 아닐 수 없다.

혹시 일상에서 매일 접하는 상품들의 형태, 색감, 질감, 그리고 구성을 보면서 멋지다고 생각한 적이 있지 않은가? 또 그런 디자인이 마음에 들어 구매한 경험이 있지 않은가? 이런 점을 생각해 봤을 때 우리는 이미 현대미술의 대표주자인 추상미술을 생활 속의 마케팅을 통해서 감각적으로 즐기고 있음을 알 수 있다.

이렇게 현대미술은 행위나 창조 자체를 중요시하는 무형적인 역할에 중심을 두면서 그것이 바로 감각 중심의 대중 예술을 만들어 냈고, 아트 마케팅을 탄생시킨 배경이 되었다.

멀티플 아트(Multiple Art)의 정수, 판화에 주목하다

최근 판화의 인기가 엄청나다.

판화란 나무, 금속, 돌 등으로 판 위에 형상을 만든 후 그 위에 잉크나 물감 등을 바르고 종이나 천 등에 찍어내는 회화의 한 장르다. 그러한 판화 전시가 곳곳에서 열리고 있으며, 갤러리나 아트샵에서도 판화 작품을 어렵지 않게 볼 수 있다. 최근 판화는 예술의 한 장르로 인정받을 정도로 인기가 대단하다. 그중 인기 작가의 한정판 판화는 회화 못지않은 인기를 누린다.

사실 판화는 불과 10여 년 전까지만 해도 미술작품으로 인정받지 못했다. 하지만 지금은 여러 장 찍어낼 수 있다는 점을 강조하여 '멀티플 아트'라는 이름으로 미술의 한 장르가 되었다. 판화는 원화에 비해 가격이 저렴하며 특히 유명 작가의 한정판 판화는 시간이 지나면 판화의 가치도 올라가기 때문에 대중에게 인기가 높을 수밖에 없다. 실제로 유명 작가의 판화 중에서는 그 작품가가 수억 원에 달하는 경우도 있어 매우 놀랍다.

판화의 유래를 살펴보면, 판화는 동서양을 막론하고 종교적인 필요에 의해 만들어졌다. 과거 불경이나 성서의 말씀을 대중에게 쉽게 전달하기 위해서는 삽도(揷圖)가 필요했다. 물론 활자가 있었지만, 문자는 지배층의 전유물이었기에 민중을 이해시키기 위해서는 그림의 역할이 매우 중요했다. 이처럼 종교적인 이해도를 높이기 위해 제작되었던 판화는 무한정 복제가 가능하다는 측면에서 과거에는 순수 예술로 인정받기 힘들었다.

하지만 현대에 들어 판화의 평가는 완전히 달라졌다. 물론 사진의 출현으로 판화도 회화처럼 복제의 기능이나 사실성을 표현하는 데 있어서 가치가 떨어졌기 때문이다. 그럼에도 불구하고 판화는 사라진 다른 예술과는 달리 20세기가 되어서도 살아남은 예술의 한 장르가 되었는데, 그것이 가능했던 이유는 바로 거장들에 의해 판화에 새로운 가능성이 가미되었기 때문이다. 예를 들어 피카소(Pablo Picasso)나 브라크(Georges Braque)는 판화에 큐비즘을 고스란히 표현해 냈으며, 칸딘스키(Wassily Kandinsky)도 목판화와 동판화 등을 완성하면서 판화의 새로운 가능성을 완성해 냈다. 한국의 경우에는 한국의 거장이라 불리는 이우환이 판화를 자신의 작업의 한 장르로 인정하고 작업 초기인 1970년대부터 현재까지 꾸준히 판화를 찍어내고 있다. 박서보도 마찬가지다. 이처럼 여러 거장의 새로운 시도 덕분에 21세기에 들어서 판화는 엄연히 독자적인 예술로 자리매김했으며, 차별화를 띤 예술의 한 형태로 나름의 미학적인 가치를 구축하게 되었다.

사실 좋아하는 거장의 작품을 판화로 만들어 소장하는 것은 해외에서 처음 활성화되었으며, 그 후 점점 그 인기를 타고 국내에서도 판화 작품을 소장하려는 컬렉터들의 수가 늘었다. 판화는 주로 팝 아트 작품이 많은데, 그 이유는 대량생산과 복제라는 제작 방식의 특이성 때문이다. 팝 아트의 거장인 로이 리히텐슈타인(Roy Lichitenstein)이나 앤디 워홀(Andy Warhol)의 경우, 원화를 제작하는 방식이 거의 판화와 비슷하기 때문에 특히 인기가 많다.

또 판화는 회화에만 있는 것은 아니다. 판화와 같은 멀티플 아트는 회화를 넘어 조각에도 존재한다. 멀티플 아트의 가장 대표적인 작품은 제프 쿤스(Jeff Koons)의 〈벌룬 독(Balloon Dog)〉이라는 작품인데 전 세계 컬렉터들의 인기로 한정판 조각 2,300점의 작품 중 아시아에 있는 작품은 채 50여 점이 되지 않는다고 한다. 이러한 멀티플 아트는 대개 세계적으로 유명한 작가의 작품으로 제작되기 때문에 작품가가 웬만한 젊은 작가의 작품가보다 훨씬 높다. 게다가 원화의 가격은 기본 수억 원에서 수십억 원까지 엄두도 못 낼 정도다. 하지만 한정판 에디션을 갖는다면 수천만 원 정도에 소장할 수 있으며, 그 가치도 원화 작품의 가격이 상승하는 것처럼 오르기 때문에 많이 사람들이 소장하고자 하는 것이다.

그렇다면 판화에는 어떤 종류가 있으며 어떤 방식으로 제작될까?

판화는 판의 종류에 따라 목판화, 석판화, 에칭, 모노타이프, 에쿼틴트 등 다양한 기법으로 제작된다. 물론 이러한 기법 중 어떤 것이 더 좋다고 특정할 수는 없다. 하지만 작가가 자신의 작품 세계를 가장 잘 표현할 수 있는 방식을 골라 제작하고, 하나의 판을 만들더라도 상당한 노고와 에너지를 쏟기에 판화 작품을 만드는 그 자체가 예술이라고 할 수 있다.

판화는 작가들이 시험 프린팅을 마친 후 원하는 매수만큼 작품을 찍어내는데 이를 '에디션'이라고 하며, 300장, 1,000장 등과 같이 정해진 수만큼의 작품을 제작하는 것을 '리미티드 에디션(Limited Edition)'이라고 부른다. 리미티드 에디션(한정판 판화) 작품을 만들 때 같은 작품을 몇 개까지 만들 것이냐에 대한 결정은 작가 스스로가 한다. 판화의 매수는 적을수록 희소가치가 높아지며, 가격도 가치에 비례하여 책정된다.

또 작품 아랫부분에 작가의 서명과 작품 제목, 에디션 넘버를 넣어 그 작품이 오리지널이라는 것을 밝힌다. 작품의 가치를 인정하고자 하는 작가의 의도가 판화 안에 담기는 것이다.

판화를 보는 방법을 살펴보면, A.P(Artist Proof)라고 쓰여 있는 것은 작품 전체 매수의 10퍼센트 미만으로 작가가 보관한 일종의 참고작품이다. T.P(Trial Proof)는 에디션을 내기 전 찍어보는 시험인쇄를 뜻하며 작품이 마음에 들지 않거나 어떤 문제가 있어 계속 찍어내지 못하는 경우 표기한다. S.P(State Proof)는 T.P와 같은 의미로 쓰인다. P.P(Presentation Proof)는 작품 교환용 판화, C.P(Cancellation Proof)는 에

디선이 끝나고 판을 훼손시켜 더 이상 찍지 않는다는 것을 남기는 표기다. 판화 아랫부분에는 10/150과 같이 분수가 적혀 있는데, 이것은 총 작품 수 150장 중 열 번째 찍어낸 판화라는 의미다. 일반적으로 숫자의 순서는 작품의 우열과는 관계가 없고, 몇 번째 판화든 오리지널이라면 동일한 가치로 인정받는다.

[19] 앤디 워홀(Andy Warhol)의 〈캠벨수프(Cambell's Soup Cans)〉
판화를 인테리어로 활용한 모습

이렇듯 판화가 순수 예술의 한 장르가 되었지만, 원화에 비해 그 가치는 여전히 낮다. 판화는 다수가 소장하고 있으며, 오리지널 회화는 한 사람만 소장한다는 희소성의 측면에서 당연한 일이다. 하지만 판화는 회화로 표현하기 어려운 정밀한 부분까지 판화기법을 이용해 효과를 낼 수 있으며, 저렴한 가격에 유명 화가의 원작을 감상할 수 있다는 점에서 큰 매력을 지녔다. 또한 정형화된 주택과 실내 가구와의 조화를 잘 이룬다는 점, 그리고 저렴한 가격으로 한 공간을 예술적인 공간으로 탈바꿈시켜 준다는 점에서 소장가치를 높인다. 무엇보다 소수만 누릴 수 있는 예술을 다수가 누릴 수 있도록 예술의 문턱을 낮춘 것도 판화의 큰 장점이다.

자유롭게 예술을 표현한다는 점에서 현대인들에게 인기가 많은 드로잉도 사실상 작품으로 인정받은 것은 얼마 되지 않았다. 수십 년 전만 해도 피카소(Pablo Picasso)나 샤갈(Marc Chagall)의 드로잉은 작품으로 여기지 않았으며, 거장의 작품답지 않게 매우 낮은 가격대를 형성했다. 하지만 지금은 모든 것이 달라졌다. 현재 거장의 드로잉은 웬만한 화가의 회화작품보다 비싸다. 판화 역시 드로잉과 마찬가지로 과거에는 그 가치를 인정받지 못하다가 현재는 높은 인기를 구가하고 대중의 사랑을 받고 있다. 예술은 유동성이라는 특징이 존재한다. 따라서 드로잉이나 판화처럼 미래에는 어떤 분야가 떠오를지 예측해 보는 것도 재미있는 일이 될 것이다.

공공미술(Public Art), 일상이 예술이 되는 시대

지난 2014년 10월, 서울 잠실의 석촌 호수가 노랗게 물들었다. 바로 대형 고무 오리 '러버 덕'이 호수 위를 유유히 떠다녔던 것이다. 당시 러버 덕을 보기 위해 엄청난 인파가 호수 공원을 찾았고, 러버 덕 주변에 모여 사진을 찍으며 즐거운 추억을 남겼다. 그 후 2022년, 그 '러버 덕'이 8년 만에 다시 같은 장소에 서울시 공공프로젝트라는 이름으로 재설치되었다. 사실 〈러버덕 프로젝트(Rubberduck Preoject)〉는 2007년에 시작해서 네덜란드, 브라질, 뉴질랜드, 호주, 홍콩, 대만 등 다양한 나라를 돌며 진행되었는데, 이는 네덜란드 설치미술가인 플로렌타인 호프만(Florentijn Hofman)의 작품이다.

[20] 조나단 보르프스키(Jonathan Borofsky), 〈해머링 맨(Hammering Man)〉
SAM 시애틀 아트 뮤지엄

시애틀 미술관 앞에 설치된 공공미술 설치 작품인 보르프스키의 〈해머링 맨(Hammering Man)〉이다. 이 작품은 전 세계 11개 도시에 설치되었으며, 우리나라의 광화문의 한 빌딩 앞에도 설치되어 있다. 이 작품이 의미하는 바는 '노동의 숭고함'이다.

러버 덕은 공공미술(Public Art)이다. 공공미술이란 도시 속 미술(Art in city)을 뜻하는데, 한국에서는 우리가 일상에서 접할 수 있는 예술로 광화문 근처에 망치를 들고 있는 사람 모양의 조형물인 〈해머링 맨(Hammering man)〉과 청계천의 원색의 원뿔 모양의 작품 〈스프링(Spring)〉, 서울 타임스퀘어 정문에 있는 서도호의 〈카르마(Karma)〉 등이 모두 공공미술이다.

우리가 사는 도심 곳곳에는 조형물이나 벽화 등 수많은 공공미술이 존재한다. 공공미술의 설치는 삭막한 도심의 환경을 매력적이고 새로운 장소로 다시 태어나게 한다. 즉, 시각 환경이 개선되는 것이다. 원래 공공미술은 대중에게 현대미술에 쉽게 접근하는 기회를 마련해 주는 것을 목적으로 한다. 또, 예술정책의 차원에서도 예술가들의 영역을 확대하고 취업을 향상시키는 등의 여러 이점도 제공한다.

공공미술은 국가나 도시, 혹은 기업의 아이덴티티를 보여주기도 한다. 도시나 기업의 상징물에 미술작품을 설치해 이를 통해 좋은 이미지를 심어주고, 이익 창출을 한다. 그런데 여기서 끝이 아니다. 도시나 기업의 이익에서 한발 더 나아가 그 혜택은 대중에게도 돌아온다. 공공미술의 설치로 아름다워진 도시에 많은 관광객이 찾아오면서 그 지역 시민들의 재정에 도움이 되기 때문이다.

이렇듯 공공미술에는 많은 긍정적인 효과가 있기에 대다수 시민은 공공미술 설치를 호의적으로 받아들인다. 물론 기업들이 공공미술을 설치하는 것이 법적 의무이기도 하지만, 주로 도시에만 설치되었던 공공미술이 지금은 낙후된 마을이나 이미지가 좋지 않은 지역을 살리는 용도로 활용되기에 더욱 그 중요성이 부각되고 있다.

한국전쟁 이후 피난민들이 모여 살며 형성된 부산의 달동네로 알려진 안창마을이나, 공동묘지 지역이었지만 지금은 동화 속 마을로 변모하여 영화 촬영지로 유명해진 부산 문현동 달동네 등은 공공미술의 혜택을 본 대표적인 장소다. 물론 청계천의 올덴버그(Claes

172

Thure Oldenburg)의 작품 〈스프링(Spring)〉은 무려 35억 원의 비싼 몸값을 지불하고도 서울시 최악의 조형물로 꼽혔으며, 삼성동 포스코 앞의 〈아마벨(Amabel)〉 역시 300억 원의 몸값에도 불구하고 주위의 미관을 해친다는 이유로 철거 직전까지 갔다가 결국 작품을 가리는 방법으로 절충하는 일도 있었다. 하지만 이런 사례들은 공공미술을 설치할 때 장소적인 특성과 어울림의 고려가 부족했던 탓이었다.

공공미술이 반드시 유명 작가의 비싼 작품이어야만 빛을 발하는 것은 아니다. 한 마을의 사람들이 다 같이 모여 마을의 벽에 그림을 그리는 벽화나 마을 입구를 직접 꾸민 안내판 등도 공공미술이다. 즉 모두가 함께 그 환경의 이미지 변신을 위해 미술이라는 매개체를 활용한 것도 모두 공공미술로 볼 수 있다. 이처럼 공공미술은 주민과 지역사회와의 상호작용을 촉진시키고 활성화시키는 '함께하는 미술'이라는 데 큰 의의가 있다.

[21]
서울 성동 왕십리역에 설치된
〈평화의 소녀상〉

석촌 호수의 러버 덕이 많은 사람들에게 편안함과 휴식을 주었고, 부산 감성마을을 여행하면서 즐거움을 누렸던 것처럼 공공미술은 일상에서 자연스럽게 우리 삶에 여유를 준다.

어느 날 삭막한 도심을 거닐다가 고개를 돌려 주변을 살펴보면, 예상치 못한 곳에서 공공미술이 보일 수도 있다. 이때 잠시나마 즐거움과 위로를 느껴보는 것도 좋을 것이다.

변화하는 미술관 1:
같은 듯 다른 공간, 미술관과 갤러리

'루브르 뮤지엄, 구겐하임 뮤지엄,
가고시안 갤러리, 페로탱 갤러리'

전 세계에서 내로라하는 미술작품을 볼 수 있는 공간들이다. 우리는 그림을 볼 수 있는 공간이라고 하면, 곧바로 미술관과 갤러리를 떠올린다.

미술관과 갤러리가 그림을 보여주는 곳인 것은 알겠는데, 이 둘은 어떤 차이가 있을까?

미술관과 갤러리는 유물 위주로 전시하는 공간인 박물관과는 다르게 둘 다 미술작품을 중심으로 전시하는 공간이다. 그런데 미술관은 공공을 대상으로 자신들이 소장한 미술작품의 전시를 대중에게 보여주기에 판매는 할 수 없다. 반면 갤러리는 주로 소장품이나 작가의 작품을 전시해서 대중에게 보여주고, 주로 상업성을 목적으로 전시를 한다. 즉, 미술관과 갤러리는 미술작품의 판매 여부에서 그 성격이 달라진다.

규모 면에서도 차이를 보인다. 보통 미술관은 갤러리보다 훨씬 큰 공간이며, 미술관마다 조금씩 차이는 있지만 작품을 시대별, 양식별로 분류하여 소장한다. 갤러리는 '화랑'이라고 부르며, 미술관보다 작은 규모의 형태가 많다. 갤러리는 주로 현재 활동하는 작가나 새로운 작가의 발굴을 통해 전시를 하는데, 사실상 그 목적은 미술작품의 판매를 위해 진행하는 일종의 수익 사업체라고 할 수 있다.

미술관과 갤러리의 역할 차이도 분명하다. 미술관은 미술에 관련된 자료를 수집, 보존해 이를 조사하고 연구한다. 이를 바탕으로 교육을 진행하고 널리 보급함으로써 국가의 문화예술 발전 및 국민 수준을 향상시키는 역할을 한다. 반면 갤러리는 작가와 컬렉터 간의 매개가 이루어지는 장소로, 지속적인 컬렉터 관리로 미술시장을 유지하는 데 큰 역할을 한다. 또한 작가들에게 전시의 기회를 제공하고, 작품판매를 통해 작가들에게 자본을 지원함으로써 미술시장을 활성화시킨다.

미술관과 갤러리는 전시를 통해 미술의 발전을 도모한다는 공통점이 있는데, 전시의 형태는 종류와 목적이 각기 다르다.

전시는 기획전을 비롯하여 상설전, 특별전, 초대전, 공모전 외에도 여러 형태가 있다. 기획전은 어떠한 주제나 소재를 기반으로 한 기획을 통한 전시이며, 상설전은 늘 진행되는 전시로 주관 기관의 성격을 짐작할 수 있다. 보통 우리가 미술관을 방문했을 때 시대나 양식별로 전시되어 있는 형태를 떠올려 보면 상설전의 의미를 짐작할 수 있다. 또 특별전이 열리기도 하는데, 이는 상설전과는 상반되는 의미로 미술작품에 맥락과 의미를 더해 특별함을 부과하고자 하는 전시이다. 자료나 소장품을 소장자에게 대여해 전시하는 형태로 진행되는 경우가 많다. 이 외에도 특정 시대를 돌아보기 위한 역사전과 2년에 한 번 열리는 비엔날레, 3년에 한 번 열리는 트리엔날레 등의 전시도 있다.

또 요즘 점차 확산되는 형태인 아트페어도 있는데, 이는 많은 갤러리가 모여 상업 박람회와 유사한 모습으로 형성된 미술시장이다. 이 외에도 한 개인이나 기업 혹은 갤러리의 소장품을 전시하는 소장품전, 어떤 작품에 포커스를 맞추고 추가적인 정보를 제공하는 초점전, 어떤 주제든 자유롭게 전시할 수 있는 임시전 외에도 폭넓은 차원에서 작품을 바라보는 전시의 형태인 조망전 등의 여러 형태의 전시가 존재한다.

이렇듯 같지만 다른 공간인 미술관과 갤러리는 현대에 들어 재미있는 공통분모를 가지고 운영된다. 바로 복합문화공간으로 활용된다는 점이다. 현대의 미술관은 전시는 기본으로 하되, 감상과 체험을 넘어 대중이 적극적으로 활동하는 다양한 참여형 프로그램을 운영하는데, 이러한 양상은 갤러리에서도 펼쳐진다. 각 갤러리는 아트 토크 및 아티스트 토크 또는 컬래버레이션 등으로 문화예술을 조금 더 풍부하게 즐길 수 있도록 다양한 형태의 이벤트를 진행하고 있다. 즉, 미술관이나 갤러리가 이제는 그림만 보고 나오는 공간이 아니라, 누구나 쉽게 머물고 배우며 감상하는 열린 공간이 되어가고 있다는 것이다.

이는 미술 감상의 문턱이 낮아졌음을 의미하며, '일상 속의 예술'의 형태로 예술이 어느 정도 생활화되었음을 의미한다. 따라서 우리도 미술관과 갤러리의 긍정적 변화에 발맞춰 쉽게 참여할 수 있는 예술 프로그램에 참여해 본다면 예술작품의 이해와 감상력을 향상시키는 데 도움이 되는 것은 물론 나아가 예술계와의 교류와 네트워킹, 문화적인 취향과 관심까지 넓힐 수 있는 좋은 기회가 될 것이라고 생각한다.

06

현대미술
스펙트럼

다원예술,
새로운 시대를 반영하다

전 세계 미술계는 코로나 팬데믹 이후 디지털을 매개로
한 많은 변화들이 일어났다. 연이은 온라인 전시로 미술계에서도
놀라운 기술발전이 이뤄졌고, 덕분에 대중은 '가상' 속 미술에 대한
거부감을 걷어냈다. 그런데 흥미로운 점은 코로나 이후 마치 당연
한 듯이 '다원예술'을 주제로 한 전시가 주로 열리며 대중을 사로잡
았다는 사실이다.

'다원예술'이라는 용어는 1976년 미국 시카고에서 처음 등장했
다. 이것은 '현대미술'이나 '인상주의 미술'처럼 특정 예술양식을 설
명하는 용어인데, 아이러니하게도 다원예술은 어떤 예술양식으로
도 쉽게 설명할 수 없다. 그래서 다원예술은 어떤 장르에도 해당되
지 않으며, 다른 예술양식이 갖는 고유의 특성도 없고 독립된 장르
마저도 초월해 버린 예술을 의미하는 용어로 자리 잡았다.

179

다원예술은 영어로 표현하면 'Interdisciplinary Art'로 서로 다른 학문 분야에 걸쳐 연구하는 '학제 간 예술'이라고 볼 수 있다. 당시 새로움을 갈망하던 예술가들은 예술을 매체, 기술 등과 같은 서로 다른 분야와 결합해 완전히 새로운 형태의 결과물을 탄생시켰으며, 바로 이 다원예술이 예술의 울타리를 뛰어넘어 어느 경계에도 해당되지 않는 새로운 장르라는 것을 보여주었다. 이렇게 다원예술은 '탈 장르'를 의미하면서 크로스 오버나 융합예술과는 확실히 다른 의미를 갖게 되었다.

기존의 융합적인 형태의 예술은 기존 장르의 특성을 고유하게 보존하는 데 반해, 다원예술은 특유의 '실험적인 정신'과 '유동적인 면모'로 고유의 특성을 버리고 완전히 새로운 형태로 재탄생했다. 대중의 시각에서는 예측하기도 상상하기도 힘든 결과물로 받아들여진다. 그래서 일부 전통적이고 보수적인 예술관을 지닌 사람들은 다원예술이 기존의 융·통합 예술과의 차별성을 명확하게 정의하기 힘들다며 이를 받아들이기를 거부하기도 한다.

사실 오늘날의 미술은 무엇을 의미하는지 파악하기조차 힘든 작품들로 넘쳐난다. 또 과거 미술의 핵심이었던 '미(美)'를 의도적으로 배제시킨 작품, 전적인 주관적 경험의 부여, 혹은 기존 작품을 차용해 새로운 작품을 만들거나 어떤 이념을 담고 있는지 알아볼 수 없는 형태의 작품들도 등장했다. 내가 바라보고 있는 모든 것이 예술 작품이 된다고 해도 이상할 것 없는 시대가 된 것이다. 즉, 동시대미술에서는 어떤 예술사조도 동등하며 저마다 개별적 가치와 서로 다른 상황적 맥락을 지닌다고 볼 수 있다.

[22] 국립현대미술관 다원예술 2021: 멀티버스 〈기계 속의 유령(The host in the Machine)〉

따라서 천의 얼굴을 가진 현대 사회에 다원예술이 유행하는 것은 어쩌면 당연한 일일지도 모른다. 게다가 작품을 감상하는 사람들도 단순하게 그림을 감상하는 전통적인 방식에서 벗어나 시각적 커뮤니케이션이 주는 것들을 비판적 시각으로 이해하고 통찰할 정도로 똑똑해졌다.

다만 이제는 예술이 진화할 차례다. 예술은 가치와 본질은 유지하면서도 실험정신의 결과로 보여줘야 할 뿐만 아니라, 예술의 미래에는 한계가 없음을 보여줘야 할 때다. 그것이야말로 현시대가 원하는 진정한 다원예술의 모습일 것이다.

메타버스와
NFT ART

메타버스(Metaverse),
온라인으로의 대전환

메타버스(Metaverse)가 미술계에도 뜨거운 열풍을 몰고 왔다. 2020년부터 시작된 코로나19의 전 세계적인 유행은 세계 미술계에 큰 타격을 입혔다. 코로나19 초기, 수많은 전시 관련 행사가 취소되었고, 전시관이나 미술관을 찾는 오프라인 관람객의 수도 현저히 줄어 미술계는 대대적으로 큰 위기를 맞은 상황이었다. 그러나 대면 접촉을 최소화하려는 사회 전반의 노력과 더불어 미술계에서도 온라인으로 미술작품을 구매하거나 감상하는 기술이 빠르게 도입되었는데, 그 기술의 중심에는 바로 메타버스가 자리 잡고 있었다.

메타버스란 3차원의 가상세계를 일컫는 말로, 현실과 똑같이 사회, 문화, 경제 활동이 이루어지는 3차원 가상세계 플랫폼을 뜻한다. 메타버스는 '가상', '초월'이라는 뜻을 지닌 그리스어 메타(Meta)와 '현실 세계'를 뜻하는 유니버스(Universe)의 합성어이며 가상현실로 분류되는 VR보다 한 단계 진화된 개념이다. 기존 가상현실에서는 아바타를 활용해 게임을 하거나 가상현실을 즐기는 데서 그쳤다면, 메타버스 세계에서는 현실과 똑같은 활동을 할 수 있다는 특징이 있다. 예를 들어, 방탄소년단(BTS)이 온라인 게임 포트나이트(Fortnite) 안에서 신곡 '다이너마이트'를 실제 콘서트 현장처럼 발표했고, 코로나19 팬데믹이 한창이던 때 비대면 추세가 계속되면서 대학교 입학식을 메타버스 환경에서 진행하기도 했다.

메타버스는 코로나19 팬데믹으로 인해 기존의 가상현실인 VR, 증강현실인 AR, 혼합현실인 MR 등을 실제로 구현하는 기술이 발전하면서 주목받게 되었다. 메타버스의 최대 장점은 제약이 없다는 것이다. 그래서 블록버스터급 대규모 문화예술 행사도 메타버스를 통해 거뜬히 개최할 수 있다. 실제로 메타버스 세계는 자신의 브랜드를 만들고 운영할 수 있도록 지원하는 방식이 늘고 있으며, 인스타그램 등의 네트워크 스타일이 메타버스 라이프 스타일로 옮겨가는 움직임도 보이고 있다. 많은 사람들이 메타버스 전시를 즐기고 있으며, 메타버스 세계에서 미술품을 구매하는 일도 가능해졌다. 즉, 메타버스는 정보에 민감하고 빠른 속도를 좋아하는 현재의 MZ 세대가 즐기기에 매우 적합한 환경인 것이다.

메타버스 속 전시의 경우, 기존의 정보 공유가 힘들었던 전시에 비해 정보를 공유하기 수월한 오픈된 공간이라는 점에서 이미 디지털 기기에 익숙한 세대들이 이용하기에 안성맞춤이다. 실제로 이를 더욱 편리하게 이용하기 위해 프로세스 간소화를 강화한 메타버스 운영사도 늘고 있다. 이대로 간다면 결국 미술관과 경매사, 갤러리들 역시 메타공간으로의 이동을 망설일 필요가 없는 시기가 올 것이 분명하다.

현재 미술계의 경향은 양극으로 나뉘어 있다. 포스트모더니즘을 기반으로 개념이나 관념적인 성격을 띤 컨템포러리 아트와 메타버스처럼 IT 기술 기반의 미술이다. 기존의 미술이 기술과 창의적인 부분으로 나뉘었다면, 지금의 미술은 창의적인 부분과 과학적인 부분으로 나뉜다고 볼 수 있다. 최근의 미술은 미디어 창작물들을 시각화하는 개념을 넘어서서 디지털 환경에서 수집된 데이터에 특정 알고리즘을 부여해 시각화하고 있는 것이다. 불과 얼마 전까지 '딥러닝'이나 '머신러닝'과 같은 인공지능을 이용해 작품을 구현하는 행위가 현재는 가상공간에서 가상의 작품을 경험하고 전시를 보고 사고파는 것까지 가능해졌다. 정말 짧은 시간에 이루어진 변화에 놀라지 않을 수 없다.

메타버스 전시는 자연이나 대상을 가상세계에 모방하고, 감상자는 기계장치의 도움으로 그것을 경험한다. 가상의 공간에서 모방된 예술품은 고딕미술이나 원시미술 등 과거도 경험하게 할 수 있어 불가능이 없는 공간인 듯 느껴진다. 하지만 우리가 예견하듯 메타버스 미술이 정말 미래를 압도할 만한 것인지에 대한 의문도 존재한다.

미술의 본질은 인간의 내밀한 사유나 세계에 대한 통찰과 해석, 또 표현의 다양성에 있다. 그러나 메타버스는 현실이나 과거 미술의 모방을 주로 하고 있다. 물론 시대에 따라 늘 다양한 시도를 해야 하는 것이 미술의 본질이지만, 과학과 공학이 발전시킨 첨단기술이 미술의 본질을 지킬 수 있는지에 대한 의심은 여전하다.

NFT ART와 미술시장

메타버스(Metaverse)와 함께 2021년 미술시장에 불어닥친 새로운 경향 중 하나는 디지털 아트와 가상 자산을 접목한 NTF 시장이다. 카카오의 블록체인 계열사 그라운드X가 미술품 NFT 시장에 진출했고, 최대 미술품 경매시장인 크리스티는 2021년 100개 이상의 NFT 거래를 통해 약 1억 5,000만 달러(약 1,800억 원)의 판매액을 거뒀다. 소더비 역시 NFT가 약 1억 달러(1,200억 원)를 차지했다. 또 미국의 가수 그라임스(Grimes, Claire Boucher)가 NFT 디지털 작품으로 65억 원을 벌었다는 사실은 미술계에게 유명한 이야기다.

NFT가 도대체 무엇이기에 이토록 큰 수익을 창출할 수 있었던 것일까?

185

NFT는 Non-Fungible Token으로 '대체 불가능한 토큰'을 말한다. 이는 비트코인, 이더리움과 더불어 화제가 되고 있는 디지털 자산이다. 전 세계에 블록체인을 기반으로 하는 가상화폐 투자 열풍이 불면서 NFT가 미래 신기술로 이해되기 시작했다. 그런데 비트코인과 같은 가상화폐는 대체가 가능하지만, NFT는 대체가 불가능하다는 차이점이 있다. 예를 들어 현금 5만 원에는 모두 다른 일련번호가 존재한다. 하지만 일련번호와는 상관없이 돈의 가치는 똑같기 때문에 교환을 해도 5만 원의 가치를 가지는 것에 어디든 사용할 수 있다. 하지만 NFT 미술품의 경우, 피카소의 그림과 일반인이 그린 그림이 같은 그림이라도 그 가치를 같게 보고 교환할 수 없다. 즉, 피카소의 그림과 일반인의 그림은 서로 대체가 불가능한 자산인 것이다.

NFT 작품은 먼저 코드값을 부여한 후 블록체인에 기록한다. 이 기록은 첫 소유자에서 다른 소유자로 변할 때 다시 블록체인에 기록을 하면서 새로운 기록과 함께 소유권이 이동한다. 사실상 기록으로 원본의 소유권을 사고파는 것이다. 블록체인의 장점은 소유권을 복제, 위조, 조작할 수 없기에 소유권 매매가 가능하다. 실제로 요즘은 세계적으로 NFT 예술품 거래가 이뤄지고 있으며, 우리나라의 예술가들도 소수이기는 하나 여기에 참여하고 있다.

그러나 NFT 거래는 실제와는 다르다. 만약 내가 NFT 미술품을 구매한다면 작품의 원본 파일이나 물리적인 무언가는 받을 수 없다. 내가 가질 수 있는 것은 오로지 '소유권'이다. 뿐만 아니라, 그 작품이 온라인 공간이나 주변에서도 쉽게 접할 수 있는 이미지인데 왜 막대한 자금을 들여서 NFT 작품 거래를 하는 것인지 이해하기도 쉽지 않다.

이것은 NFT 미술품을 '자산'의 개념으로 생각하면 이해할 수 있는 부분이다. 사실 NFT 거래를 하는 이유는 먼저 세계적으로 유명한 아티스트의 작품의 소유권을 내가 가진다는 희소성에 대한 쾌감이다. 예를 들어 루브르에 있는 〈모나리자(Mona Lisa)〉의 이미지가 여기저기 떠돈다 해도, 〈모나리자(Mona Lisa)〉 원본은 단 하나다. 그래서 우리는 그 그림을 보러 루브르로 가는 것이다. NFT 작품도 마찬가지다. 이미지가 디지털상에서나 현실에서 떠돈다 해도 그 소유권은 단 하나라는 점이다.

또 다른 이유로는 위대한 아티스트의 작품이기 때문에 소유권만 가지고 있어도 가치가 오를 것이라는 기대감으로 볼 수 있다. 실제로 비플(Beeple)이라는 디지털 아티스트의 경우, 우리 돈 7,500만 원에 작품의 첫 소유권을 가졌던 사람이 4개월 뒤 그 작품을 74억 원에 되팔아 무려 100배의 수익을 얻었다. 우리나라의 경우에도 팝 아티스트 '마리 킴'이 그린 2NE1이라는 그룹의 가수들을 제작한 작품이 5,000만 원에서 시작해 결국 6억 원에 판매되기도 했다. 이 같은 현상은 해당 아티스트의 미래 가치를 보고 소유권을 가지기 위해 일어나는 것이다. 최근 디지털 공간에서는 그림이나 사진 등 예술품뿐만 아니라, 부동산이나 일반인이 만든 캐릭터, 가수들의 앨범 발매 등 점차 그 입지를 넓혀가고 있다.

[23] 미국 아티스트 비플(Beeple)의 NFT 작품 〈Everydays: The First 5000 Days〉
출처: 크리스티 홈페이지

이처럼 일상에서 이루어지던 생활 방식이 디지털 환경으로 이동하는 현상이 두드러지면서 디지털 세계에 대해 관심을 가지고 주목할 필요는 있어 보인다. 물론 가상세계에서의 매매가 현실에서 법적으로 보호를 받거나 권리를 보장해 줄 수 있는지도 관건이다. 한 미술작품에는 소유권이라는 권리만 있는 것이 아니라, 저작권이나 창작권 외에도 여러 권리들이 있기 때문이다. 또 일각에서는 현실 세계와의 거래 시스템이 다르고 아직은 완전하지 못한 법적인 괴리로 인해 NFT 거래를 안정된 형태의 거래로 보기는 힘들다는 견해도 있다.

현재 우리는 급격한 변화를 맞이한 시대의 교차점에 있다. 그동안 우리가 자산으로 생각하고 있던 금, 은, 보석이나 미술품처럼 실체가 보이는 자산도 시대에 따라 그 형태의 변화가 올 수 있다. NFT는 아직 무형 자산이기에 매매 방법이나 그에 관련된 지식이 알려지지 않아서 여전히 일반인에게는 추상적으로 느껴질 수 있다. 하지만 결국 가까운 미래에는 가상의 공간에서 '나'라는 존재를 구현하는 시대가 올 것이다. 그렇기에 아직은 가상공간인 NFT 시장에 당장 뛰어들지는 않더라도 지속적으로 관심을 가지고 눈여겨볼 일이다.

예술과 인공지능

초보 아트 컬렉터를 위한 안토링

"희로애락을 겪으며 함께 살아가는 사람의 감정과 사상이 담긴 작품을 원한다. 숨도 쉬지 않는 기계가 그린 그림은 보고 싶지 않다"

"모든 창작 분야에 AI가 간여하는 세상이 되었다. 이 혼돈의 시기를 어떻게 헤쳐나갈지 궁금하다. AI 감별사라도 나와야 할듯하다"

최근 네덜란드 헤이그의 마우리츠호이스 미술관에 요하네스 베이메르(Johannes Vermeer)의 대표작 〈진주 귀고리를 한 소녀(Meisje met de parel)〉 원작과 이를 모방해 이미지 생성 인공지능(AI) 미드저니(Midjourney)로 작업한 그림 〈빛나는 귀고리를 한 소녀(A girl with shining earrings)〉가 함께 전시되면서 논란이 일고 있다는 기사의 댓글이다.

네덜란드 예술계에서는 이를 두고 격렬한 논쟁이 벌어졌다. 과연 AI 의 작품이 예술에 속하는지, 다른 유서 깊은 명작들과 함께 미술관에 걸릴 자격이 있는지를 두고 갑론을박이 이어진 것이다.

현대 사회는 최첨단 과학기술이 발달하면서 인공지능의 활용 범위도 넓어졌다. 채 10년도 되지 않은 짧은 시간 동안 아날로그를 벗어나 디지털 사회가 되었으며 인공지능의 등장은 인간의 삶을 매우 단순하고 편리하게 바꿔놓고 있다. 그래서 현대를 살아가는 사람들은 좋든 싫든 인공지능을 받아들여야 하는 숙명적인 위치에 놓여 있다.

예술 분야도 예외는 아니다. 예술 분야에서 인공지능과의 협업이 흔한 일이 된 것은 어제오늘 일이 아니며, 이제는 협업을 넘어 인공지능 자체가 독립적인 입장에서 예술가 수준의 창작품을 선보이고 있을 정도다.

네덜란드의 렘브란트 미술관에서는 렘브란트(Rembrandt Harmenszoon van Rijn)의 화풍을 빼닮은 '넥스트 렘브란트(Next Rembrandt)'라는 인공지능이 렘브란트의 회화를 재현하는 데 성공했으며, 구글에서 개발한 인공지능 '딥 드림(Deep Dream)'도 특정 화가의 작품을 학습시킨 뒤 어떤 그림을 입력하면 해당 화풍으로 바꿔주는 기능을 선보였다. 인공지능은 단순히 그림을 그리는 데서 멈추지 않는다. 인공지능이 만든 작품들은 높은 가격에 판매되면서 예술계를 위협하고 있다. 이러한 현상은 인간만의 창의성은 무엇인지를 생각하게 하며, 예술마저도 이제는 인공지능에 의해 대체될 수 있다는 위기감도 고조된다.

191

예술뿐만 아니라 수많은 영역에서 인간의 일을 인공지능이 대체하고 있다. 그러나 전 세계 예술계와 아티스트들은 창의적인 일은 오직 인간만이 가능하다며 제아무리 인공지능이라고 해도 예술 분야를 점령하는 일은 없을 것이라 여기고 있다. 인공지능이 대체할 수 없는 예술의 특이성을 높이 평가하고 있는 것이다. 하지만 급속도로 발전하고 있는 인공지능을 두고 창의성이 과연 인간만의 영역이라고 자부할 수 있을까?

일각에서는 과학기술이 예술작품을 창작하는 것을 창의성의 일부로 인정하며, '인공지능에 의한 예술의 침해'를 우려하는 목소리도 높다. 그렇지만 예술이란 인공지능이 하루아침에 침범할 수 있는 분야는 아니다. 창의성의 본질은 창작한 새로운 것이 불멸의 가치로 인정받는 데에 있기 때문이다.

[24]
인공지능 이미지 생성 프로그램을
사용해 그린 빈센트 반 고흐

실제로 인공지능이 만들어 낸 예술 결과물은 나무랄 데 없이 완벽하나, 사실상 거장의 작품들처럼 인정받지는 못한다. 물론 인공지능이 만들어 낸 작품이 높은 가격에 판매되는 현상을 매스컴이나 방송매체 등에서 종종 볼 수 있기는 하지만, 이것은 새로운 시스템을 보며 감탄하는 사람들의 호기심에 의한 이벤트의 하나로 볼 수 있다. 왜냐하면 인공지능이 만들어 낸 예술작품과 실제 예술가들의 작품은 비교 대상이 될 수 없기 때문이다. 인공지능의 작품에는 예술에 있어 가장 중요한 예술가의 정신과 생애를 찾아볼 수 없다. 작가의 삶이 투영되지 않고 시대적 맥락이 결여된 작품은 결코 예술품이 될 수 없는 이치다.

앤디 워홀(Andy Warhol)은 마치 인공지능의 작업처럼 팩토리라는 작업 공간에서 수프 캔을 반복적으로 찍어냈지만, 그것이 예술이 될 수 있었던 것은 작품의 탁월성으로 인해서가 아니다. 이는 기존에 없던 새로운 가치와 해석을 만들어 냈기 때문이다. 또, 마르셀 뒤샹(Marcel Duchamp)의 〈샘(Fountain)〉 또한 마찬가지다. 이 두 작품 모두 예술 저변의 확대에 기여했기에 그 가치를 인정받은 것이다.

그래서 인공지능이 아무리 뛰어난 창작 예술품을 만들어 낸다 해도 인간의 창의성과는 완전히 구별된다고 할 수 있다. 이는 사진 기술이 등장했다고 해서 회화가 완전히 사라지지 않는 것과 같은 이치다.

첨단 과학기술의 발전과 함께 미래사회는 더 많은 부분을 인공지능이 점령할 것이다. 그러나 삶의 본질과 인간 존재에 대해 끊임없

193

이 새로운 질문을 던지고 탐구하는 것은 오직 인간만이 할 수 있는 영역이다. 다가오는 미래에는 과학과 예술이 융합하는 방식이 더욱 성행할 것이다. 그러나 예술의 창의성에 있어서는 결코 넘볼 수 없는 인간만의 고유 영역은 결코 인공지능이 넘볼 수 없는 영역이지 않을까.

새로운 시대, 미술의 변화와
다채로운 직업의 탄생

'미래 미술에는 어떠한 변화가 생길까?'

우리는 현재 인공지능(AI)과 최첨단 과학기술이 발달한 디지털 사회에서 살고 있다. 과학의 발달과 인공지능의 등장은 인간의 삶을 편리하고 단순하게 바꿔놓았으며 예술 분야에까지 그 영역을 넓혔다.

지금까지의 미술 전시가 화이트 큐브에 프레임을 한 그림들이 일정한 간격으로 전시되어 있는 모습이었다면, 현재의 전시는 예술과 과학기술이 융합된 디지털 화면과 음향이 일반화되어 있다. 놀라운 점은 많은 미술관에서 오직 인간의 영역으로만 알려져 있던 회화를 인공지능이 재현한 회화와 영상이 어우러진 전시를 시도하고 있는데, 이제는 이것이 전혀 어색하지 않다는 사실이다.

수년 전 인공지능 이미지 생성 프로그램인 '넥스트 렘브란트'와 구글의 '딥 드림'이 개발되었고, 2022년에는 가장 진화한 이미지 생성 서비스인 '미드저니'가 선보이면서 세상을 또다시 놀라게 했다. 미드저니는 텍스트를 입력하거나 이미지 파일을 삽입하면 인공지능이 그림을 생성해 주는 프로그램이다. 서비스를 시작한 이후 1,000만 명 이상이 사용하고 있을 정도로 인기가 높다. 특히 사실적인 묘사와 추상적 표현 면에서 모두 우수한 성능을 보여 예술적인 작업에 특화됐다는 평가를 받고 있다. 더욱 주목할 점은 이 프로그램들이 재현한 작품들이 실제로 비싼 가격에 판매가 된다는 사실이다. 이제 더 이상 회화는 인간만의 고유 영역이 아니며 인공지능이 인간의 창의적인 부분까지 대체할 수 있다는 우려가 현실로 다가온 것이다.

그렇다면 미래의 예술에는 어떠한 변화들이 일어날까?
가장 먼저 미술관부터 미래형 미술관의 형태로 바뀔 것이다. 과거에 회화나 조각 등의 작품을 전시했던 미술관은 기존 방식을 탈피하고 디지털과 융합기술을 기반으로 한 미래형 미술관으로 변모할 가능성이 크다. 이에 따라 미술 분야에 여러 직업이 소멸하고 새로운 직업들이 등장할 것이다. 먼저 인공지능이 화가의 작품을 재현하는 일이 가능한 걸로 봐서는 원화의 중요성이 부각될 것이며, 기존에는 없던 '원화가'라는 직업이 생길 수 있다.
또, 미술사와 관련된 미술작품을 해석해 주는 미술평론가는 가상공간의 엄청난 디지털 정보를 빠르게 수집해 해석해 주는 디지털 미술평론가로, 미술시장 역시 디지털 아트시장으로 변화할 가능성이 크다. 즉, 현재의 아트 딜러나 경매사, 큐레이터라는 직업은 앞으로는 온라인에서 작품을 사고파는 '디지털 아트 딜러'나 '디지털 경매사'라는 직업으로 바뀔 것이며, 온라인상의 정보를 이용한 지금보다 더 전문적인 큐레이터가 양성될 수도 있다.

또 앞으로는 더 많은 데이터와 디지털 기기를 사용하게 될 것이기에 이를 더 미적으로 보완할 수 있는 '데이터 디자이너'라는 신생 직업도 생길 수 있다. 대신 광고 디자이너와 미술 심리상담가와 같은 '창의성'이 기반이 된 직업들은 그대로 유지될 것으로 보인다.

따라서 우리는 미래 미술의 변화를 대비하고 지금부터 서서히 적응하는 시간을 가져야 한다. 물론 시대가 변하더라도 변하지 않는 가치는 존재한다. 하지만 그 형태와 모습은 얼마든지 다른 방향으로 변화할 수 있다. 그렇기에 우리는 빠르게 변화하는 시대 속에서 예술의 지속성을 유지하며, 곧 다가올 미술사의 방향에 알맞게 대비해야 한다. 즉, 예술의 역할은 무엇이며 사회에 어떤 변화들이 일어나는지, 또 인공지능 기술을 학습하고 활용해 보는 것도 그 방법이라고 할 수 있다. 물론 지속적인 관심과 탐구는 기본이다.

변화하는 미술관 2:
대중과 함께 호흡하는 미술관

미술관이라는 단어를 떠올렸을 때 어떤 이미지가 떠오르는가?

얼마 전까지만 해도 미술관은 '조용하고 품위 있는 공간에 특별한 소수의 사람이 그림을 감상하는 곳'이라는 이미지가 짙었다. 그러나 최근에는 예술에 대한 문턱이 낮아지면서 미술관도 완전히 대중적인 장소로 탈바꿈했다. 미술관의 큐레이터들은 대중을 위한 전시를 기획하고 있으며, 대중이 미술작품을 좀 더 쉽게 이해할 수 있는 방향으로 전시를 제공한다. 미술관은 이제 단순한 전시장의 형태를 넘어 공연장, 카페, 아트샵 등을 갖춘 복합문화공간으로 다시 태어났으며, 대중은 이 공간에서 자연스럽게 예술과 마주하며 일상에 예술을 끌어들인다.

또 코로나19 팬데믹의 여파가 미술관의 시스템 변화로도 이어졌다. 코로나바이러스가 한창일 때 많은 미술관이 VR 시스템을 도입한 가상 미술관의 형태를 선보였다. 우리나라를 대표하는 국립현대미술관의 전시부터 경매행사를 위한 전시, 그리고 작은 갤러리에서 열리는 개인 전시회까지 온라인 전시 시스템은 미술계 전 영역으로 확장되었다. 이러한 시도와 변화는 예술이 대중에게 한 걸음 더 다가갈 수 있는 발판을 마련했으며, 바쁜 일상으로 인해 문화생활이 힘든 현대인에게는 예술을 통한 힐링의 기회를 제공해 주기도 했다.

이렇듯 대중의 일상으로 향하는 미술관의 변화와 여러 시도는 실제 미술이라는 예술 분야가 대중과 함께한다는 인식을 일깨워 줬고, 복합문화공간으로서의 미술관의 변화는 현대의 미술관이 더 이상 단독공간이 아닌, 대중과 예술 그리고 아티스트가 소통하는 공간으로 재탄생했다는 것을 보여준다.

미술관이 대중적인 공간이 되었다는 것은 다양한 의미를 내포한다. 가장 먼저 미술에 대한 대중의 문화 수준의 향상을 꼽을 수 있는데, 예전에는 관람객들이 미술관이 제공한 전시를 수동적인 입장에서 받아들였다면 현재는 미술에 관한 정보를 미리 알고 직접 원하는 전시를 찾아 감상하고 커뮤니티를 만들어 활동을 전개하기도 하는 등 적극적인 형태의 문화 활동을 지향한다. 또한 미술이라는 한정된 범위를 넘어, 이를 인문, 정치, 사회학 등 여러 학문과 연결 지으면서 다양한 시각에서 바라보고 의견을 교환하는 클래스나 모임이 미술관 안팎에서 활성화되고 있다. 이러한 현상은 대중이 높은 문화 수준을 갖게 되었다는 것을 의미한다.

그렇다면 미술관은 대중에게 어떤 전시를 제공해야 할까?

현대 사회는 '불확실성'의 연속이다. 사람들은 온라인과 현실 세계에서 다양한 네트워크를 만들어 많은 정보를 퍼뜨리고 받아들이면서 정보를 축적한다. 그래서 미술관은 전시를 통해 일방적인 메시지를 전하는 행위는 더 이상 통하지 않는다는 점을 알아야 한다. 우선 미술이란 장르를 대중에게 이해시키려는 사고부터 버려야 한다. 또 관람객의 참여에 따라 전시의 내용이 달라지거나, 관람객에 의해 완성되는 형태의 전시 등 적극적으로 대중의 의식과 문화실태를 조사하고 이에 발맞추는 자세를 갖는 것도 필요하다. 더불어 미술관은 공공의 기관이기에 교육적인 역할도 전시 못지않은 중요한 부분이다. 미술관에서 실시되는 교육도 전시 내용에 관한 교육에서 사회 전반의 흐름에 맞춰 변화할 필요가 있다.

또, 미술관은 전시를 통해 대중을 이끄는 역할도 해야 한다. 과거부터 지금까지 시대를 떠나 사회 문제는 언제나 있었다. 사회적 문제를 어떻게 받아들이고 인식하느냐는 받아들이는 개개인의 몫이었다면, 이제는 미술관도 대중의 의식을 깨우기 위해 다양한 프로그램을 제작하고 전시할 필요가 있다. 물론 미술관이 현실적인 문제나 정치, 사회적인 문제를 해결하는 기관은 아니지만, 미술관의 공공성을 생각해 봤을 때 사회적 문제나 현상에 관심을 기울일 필요성은 커졌다. 미술관이 공적 역할을 제대로 수행한다면 대중이 미술이라는 분야를 통해 사회 문제에 대한 의식을 향상시키며 공적 마인드를 가질 수 있는 기회의 장이 펼쳐질 것이다.

사회의 변화에 발맞춰 개인과 사회의 가교가 되는 미술관. 이것이 우리가 그리는 가장 이상적인 미술관의 모습이다.

PART 4

그림 속 경제,
아트테크의
미학

07

아트 컬렉터,

예술을 사는 사람들

미술과 자본은
결별할 수 있을까?

미술과 자본의

상관관계

30년이 넘게 땅만 파는 작가가 있었다. 1972년부터 시작된 이 작품의 제목은 〈이중 부정(Double Negative)〉으로 미국 네바다의 광활한 사막에 2km가 넘는 인공폭포를 만드는 작업이었다. 〈이중 부정(Double Negative)〉은 '대지미술'의 대가 마이클 하이저(Michael Heizer)의 작품으로 그는 산, 들, 바다 등의 자연을 소재로 작업한다. 2012년에는 340톤의 거석을 무려 1,000만 달러(약 134억 원)라는 거금을 들여 리버사이드의 한 채석장에서 LACMA(LA카운티미술관)까지 옮기는 작업을 했다.

크리스토 야바체프(Christo Yavashev)와 잔 클로드(Jeanne-Claude Denat de Guillebon) 역시 세계적인 대지미술 부부 작가다. 이들은 뉴욕 센트

205

럴파크에서 〈The Gates〉라는 작품을 선보였는데, 이 작업은 1979년부터 2005년까지 완성하는 데까지 무려 26년이라는 시간이 걸렸다(정확히는 16일간 전시했으나, 그 작업을 하기 위해 1979년부터 추진했으니 작품에 들어가는 물량과 시간이 그렇다는 의미다).

대지미술은 자연을 상대로 펼치는 미술로 그 크기가 어마어마하며 일시적으로 존재하다가 사라지기 때문에 작품을 소장할 수 없다. 대지미술 작가들은 물질로서의 예술을 부정하며 상업미술 혹은 상업 작가들과의 거리를 두고, 자신의 소신을 굽히지 않고 꿋꿋이 그들의 작품 세계를 구현한다.

그렇다면 대지미술의 대가들인 마이클 하이저와 크리스토 부부는 그들이 지향하는 예술세계를 펼치면서 과연 상업적인 것들과 결별할 수 있었을까?

마이클 하이저는 누구도 구매 불가능한 작품인 〈이중 부정〉을 만들면서 그의 의도를 정확히 드러냈으나, 컬렉터(후원자)나 아트 딜러와는 결별할 수 없었다. 그 이유는 그의 30년간의 작업을 위해서는 결국 엄청난 자본이 필요했으며, 이를 후원할 자본가 없이 작업을 완성하는 것은 불가능했기 때문이다. 그의 다른 작품 〈공중에 떠 있는 돌 (Levitated Mass)〉의 경우도 마찬가지다. 〈공중에 떠 있는 돌 (Levitated Mass)〉은 마이클 하이저의 40년에 걸친 집념의 결과물이자 지금은 LA의 명물이지만, 이 작품 역시 후원자가 없었다면 세상에 빛을 보지 못했을 것이다. 이를 옮기는 데에만 해도 LACMA의 관장인 마이클 고반(Michael Govan)과 1,000만 달러를 내놓은 몇몇 후원자들의 자본이 있었기에 가능한 일이었다. 선사 시대에나 있을법한 거대한 돌의 운반과 이에 대한 후원이 가능했던 건 바로 후원자들의 작가에 대한 무한한 신뢰 덕분이었다.

[25]
마이클 하우저 〈공중에 떠 있는 돌
(Levitated Mass)〉
1969, 화강암, 456피트&340톤,
로스앤젤레스 뮤지엄 LA

다른 대지예술가인 크리스토와 잔 클로드의 경우는 어땠는지 살펴보자. 이 부부는 앞서 언급한 〈The Gates〉 외에도 마이애미의 한 섬을 핑크색 천으로 둘러싼 포장 작업을 했다. 또 파리의 개선문을 포장하기도 했다. 아마 누구나 한 번쯤은 인터넷에서 스치듯 본 적이 있는 작품일 만큼 세계적으로도 유명하다.

그들은 설치미술을 위한 자본의 전액을 스스로 조달했다고 하는데 과연 그 엄청난 자본을 어디에서 축적했는지 살펴보니, 그들은 보통 작품 설치를 위해 드로잉이나 콜라주를 그렸는데 그 가격이 보통 2만 달러에서 40만 달러에 육박했었다. 〈The Gates〉를 작업했을 때, 이 작품의 천을 덮고 있던 튜브 하나를 어떤 어린이가 공원에서 주워 이베이(E-bay)라는 인터넷 옥션에 올렸는데, 1,200불에 구매하겠다는 사람이 나타났을 정도로 인기가 많았다고 한다.

그 외에도 작품에 사용한 천 조각이나 작품 사진이 1면을 다 덮은 타블로이드판 신문 1면 등 무려 170여 개의 작품 관련 소재가 경매 사이트에 올라왔는데 비록 〈The Gates〉는 팔지 않고 전시 후 철거된 작품이었지만, 여기에 따라붙은 부수적인 물품이나 소재는 모두 높은 가격에 판매되었던 것이다.

이렇듯 한 작품을 창작하는 데 자본은 필수요소다. 그렇기 때문에 예술과 컬렉터(후원자)는 결코 분리될 수 없는 불가분의 관계라고 하는 것이다. 예술가는 '자신만의 철학이 담긴 컬렉션'을 위한 노력을, 컬렉터(후원자)는 진심으로 예술을 후원할 수 있도록 노력해야 진정한 예술작품이 탄생한다.

실제로 작가가 하나의 작품을 완성하기 위한 캔버스나 물감을 사는 비용, 작업실 월세, 또는 작업을 하는 동안의 생활비 등의 자본 없이는 예술 활동은 불가능하다. 예술은 진정성이 절실하게 요구되

는 순수한 영역인 동시에 이를 달성하기 위해서는 반드시 자본이
필요하다.

돈으로 살 수 없는
미술품이 있을까?

'미술과 자본은 떼려야 뗄 수 없는 불가분의 관계다'

미술에 관심이 있는 사람이라면 미술과 자본의 상관관계를 잘 알
고 있을 것이다. 그렇다면 현대미술 중에서 매매가 어렵거나 혹은
매매가 아예 불가능한 작품도 있을까?

매매가 불가능한 대표적인 미술작품으로는 바로 대지미술을 꼽을
수 있다. 대지미술이란 산, 바다, 강 등의 자연물을 소재로 하는 거대
설치미술을 뜻한다. 사실 대지미술은 자본주의와 상업주의를 조롱
하는 대표적인 미술로, 대지미술가들은 일부러 소장할 수 없는 작품
을 만든 것이다. 즉 그들은 사고팔 수 없는 예술세계를 지향한다.

대지미술의 대가로 잘 알려진 마이클 하이저나 크리스토와 잔 클
로드 부부는 전시가 끝나고서는 자신들의 작품을 모두 철거하고 실
제로 작품의 판매도 하지 않았다. 이 같은 경우에는 작가의 의도가
분명하기에 아무리 돈이 많고 미술작품의 독점소유에 눈이 먼 컬렉

터라도 어찌할 도리가 없는 것이다.

대지미술뿐만이 아니다. 퍼포먼스와 같은 작품도 소장할 수 없는 미술 장르다. 예를 들어, 세계의 거장이라 불리는 한국의 비디오 아티스트 백남준의 유명한 작품 〈백남준과 샬롯 무어먼〉은 기존 권위에 도전하고 관념을 깨뜨리는 전위적인 표현으로 현대미술사에 한 획을 그었던 작가였던 만큼 그들의 작품들 또한 수많은 미술 애호가의 사랑을 받았으며 작품을 소장하고 싶어 하는 컬렉터들이 넘쳐났다. 설령 그렇더라도 백남준의 작품은 우리의 기억 속에서만 존재할 뿐 모두 소장할 수는 없다.

그렇다면 이렇게 상업성을 거부하는 아티스트의 작품을 소장할 방법은 아예 없는 것일까? 사실 좋은 작품을 소장하고자 하는 미술 애호가들의 욕구를 말리기란 매우 힘들며, 그것이 대지미술이나 퍼포먼스라고 해도 예외는 아니다. 그래서 미술 애호가들은 있는 그대로의 작품을 소장하는 대신 그에 따른 현상을 소장하는 방법을 택한다.

마이클 하이저의 경우 30년간 땅을 파는 데 컬렉터의 후원을 받았으며, 크리스토와 잔 클로드는 그들 작품의 사진이나 기록 등을 판매했다. 또한 비디오 아트와 같은 퍼포먼스도 그 퍼포먼스를 기록한 사진이나 포트폴리오 등을 구매해 소장하는 방법으로 실제 작품 소장을 대신한다. 가령 〈백남준과 샬롯 무어먼〉은 2006년 3월 우리나라의 한 경매에서 이 퍼포먼스를 찍은 사진 35장의 포트폴리오가 경매에 나왔으며, 1억 8,000만 원이라는 꽤 비싼 가격에 낙찰되었다. 이는 작품 자체를 판매하지는 않았지만, 그 과정과 작품에 따른 현상들을 소장한 것이라고 할 수 있다.

이처럼 철저하게 비상업성을 추구하는 예술이라 하더라도 결국 자본에는 자유롭지 못하며, 상업과의 고리는 완전히 끊을 수도 없는 것이다. 즉, 자본 없이는 예술은 불가능하다.

미술품의 가격은
어떻게 결정될까?

오래된 가치가
더 인정받는 미술경제

'낡은 것이 더 인정받는 흥미로운 세계'

자본주의 사회에서의 시장은 늘 새로운 것들로 가득하다. 한 철 한 번 입고 버리는 인스턴트 패션에서부터 날이 갈수록 신선한 아이디어와 새로운 상품들로 세계의 시장은 빠르게 돌아가고 있다. 그런데 하루가 다르게 새로운 아이디어와 상품들로 넘쳐나는 시장경제 속에서 그것을 거스르는 메커니즘이 있다. 바로 미술시장이다.

오래된 가치가 인정받는, 일반적인 시장과 다른 모습의 미술시장. 미술시장에 입문하기 위해서는 미술시장의 구조와 흐름에 대해 제대로 알 필요가 있다.

미술시장은 1차 시장(프라이머리 마켓), 2차 시장(세컨더리 마켓), 3차 시장(프라이빗 거래 마켓), 그리고 최근에 등장한 4차 시장(온라인 마켓)으로 나눌 수 있다. 먼저 1차 시장은 미술작품이 처음 작가의 손을 떠나 가장 먼저 거래되는 시장이다. 2차 시장은 한 번 거래되었던 작품들이 다시 거래되는 시장으로 중고 시장을 말하며, 3차 시장은 2차 시장과 마찬가지로 중고 시장이지만 2차 시장과는 달리 작품가가 모두 공개되는 시장이다. 또 최근에는 개인들이 온라인 공간에서 그림을 사고파는 4차 시장까지 미술시장의 범위가 확장되었다. 재미있는 것은 1차 시장에서 4차 시장으로 갈수록 작품가가 비싸진다는 사실이다. 이는 미술작품이 일반 상품과는 다른 특별함을 가지고 있기 때문이다.

미술시장의 종류	내용
1차 시장	작가에게 직접 구매
2차 시장	갤러리에서 작품 구매
3차 시장	아트딜러를 통한 구매 (2차 시장으로 구분할 수도 있음)
4차 시장	온라인 공간에서 개인 간 직거래 (코로나19 이후 활성화된 미술시장)

보통 1차 시장은 주로 갤러리와 딜러들이 활용하며, 작품판매 가격의 50퍼센트를 판매 커미션으로 가져간다. 주로 우리가 이용하는 2차 시장인데, 크게 갤러리와 경매(옥션)로 나뉜다. 갤러리에서는 작가 전시를 통해 전시가에 작품을 판매하기도 하고, 전시가 끝난 후

에는 작품의 소장가치에 따라 할인을 해주거나 작품가에 가격을 더 붙여서 팔기도 한다. 또한 전시가 없는 상업화랑의 경우 구하기 힘든 작품 위주로 판매하기 때문에 그림의 값이 갤러리마다 다를 수 있다. 경매를 이용해 작품을 구매하는 방법도 있는데, 경매 회사에 15~20퍼센트의 수수료를 지불하고 작품을 구매하는 형태다.

3차 시장은 주로 개인 간 거래로 대부분은 개인 아트 딜러를 통해 그림을 구매하는 방식이며, 간혹 개인거래로 작품을 사고파는 경우도 있다. 마지막으로 4차 시장은 코로나19 이후 외출이 줄어들면서 확장된 온라인 시장으로 주로 개인들이 온라인상에서 자신이 소장하고 있는 미술품을 사고파는 거래를 말한다. 4차 시장은 코로나19라는 특수한 상황에서 확장된 시장이지만, 미술의 대중화로 온라인 미술시장 역시 엄연한 미술시장의 한 형태로 자리 잡았다. 이렇듯 미술이 대중화되면서 개인 간의 거래 규모도 점차 확장되고 있다.

하지만 이 시장들 중 어느 곳에서 미술작품을 사는 것이 좋다고 콕 짚어 말할 수는 없다. 개인마다 선호하는 그림 구매 방식이 다르기 때문이다. 미술품은 그 특성상 희소성이 높은 경우에는 전시가보다 더 높은 가격을 주고 사야 하며, 상대적으로 구하기 어렵지 않은 작품은 오히려 전시가보다 더 낮은 가격에 살 수도 있다. 다만 경매를 통해 구매하는 경우 경매 회사는 시장에 나온 모든 작품의 시작가와 추정가의 가격 정보를 제공해서 현재 미술시장에서의 해당 미술품의 가격을 예측할 수 있게 해주며, 과거 경매 결과가 공개되기에 응찰 결정을 내리는 데에 편리하다.

그림 구매에 앞서 무엇보다 중요한 것은 정보다. 반드시 충분한 정보를 알아야만 좋은 작품을 소장할 수 있으며 내가 구매한 작품에 대한 후회도 없다.

<미술품에 대한 정보 모으는 방법>

1. 작품과 작가를 다룬 뉴스를 검색한다. 현재 어떤 활동을 하고 있으며 향후 전시 계획은 어떻게 되는지 다양한 정보를 수집한다.

2. 원하는 작품이 있다면 그 작가의 전시를 했던 갤러리에 문의해서 작품가를 비교해 본다. 갤러리에 문의하면 대부분 친절하게 설명해 준다.

3. 경매(옥션) 사이트의 경매 결과에서 최근 낙찰가를 알아본다. 보통 경매는 미술시장의 상황을 가장 빠르게 반영하기에 큰 도움이 될 수 있다. 국내 대표적인 경매 회사로는 서울옥션, 케이옥션, 아트데이옥션 등이 있다.

4. 작품 가격이 공개된 사이트를 참고한다. 한국의 작품은 케이아트프라이스, 아트넷을 주로 이용하고, 외국 작품은 아트프라이스, 아트시, 아트넷 등을 활용한다.

미술시장은 일반적인 시장과는 다른 특징이 있다. 먼저 작가의 손에서 작품이 완성되면 그 작품은 특별한 안목을 지닌 컬렉터들이나 아트 딜러에 의해 소장된다. 바로 이 시점이 작품의 1차 검증이라고 할 수 있다. 그렇게 한 번 검증을 마친 작품들은 조금 더 안정적인 2·3차 시장으로 진입한다. 이렇게 보면 2·3차 시장이 1차 시장보다 작품을 구매하기에 좀 더 유리하게 보일 수도 있다. 그러나 작품을 제대로 볼 수 있는 심미안을 갖췄다면 1차 시장은 2·3차 시장보다 더 낮은 가격에 작품을 구매할 수 있는 혜택이 있는 시장이다. 이와 더불어 작품구매를 통해 작가들에게 경제적인 도움을 줄 수 있어 미래에 성장할 작가를 발굴하는 데 보탬이 될 수 있다. 이는 특별한 안목을 지닌 컬렉터나 딜러가 1차 시장에 다수 존재한다는 것을 입증하는 것이기도 하다.

가격 형성에서도 일반시장의 원리와는 다르다. 일반적인 상품은 구매 즉시 중고가 되어 곧바로 가격이 떨어지지만, 미술작품은 해가 지날수록 가격이 오른다. 이는 작품 안에 컬렉터나 딜러의 안목과 노하우가 더해지기 때문이다. 즉, 여러 전문가의 검증을 거쳐 1차 시장에서 작품구매의 불확실성이 소멸되고 안정권으로 진입하면서 그 가치가 높아지는 원리다.

이처럼 미술시장은 더욱 오래될수록, 많은 전문가의 손을 거칠수록 더욱 인정받는 흥미로운 세계다.

우리가 미술작품을 구매할 때에도 그 목적을 명확히 할 필요도 있다. 단순히 그림이 마음에 들거나 내가 좋아하는 그림을 수집하는 게 목표인지, 아트테크를 위한 목적인지 혹은 그림을 구매하는 동시에 문화예술을 후원하는 마음도 함께 있는지에 따라 구매할 시장이 달라질 수 있다. 그래서 미술시장의 경제 원리를 먼저 이해한다는 것은 내가 어디서 어떻게 작품을 구매하면 좋을지에 대한 판단을 내릴 수 있고, 더불어 자신이 소장하는 미술작품과 작가에 대한 이해도와 그 가치를 정립하는 데에도 충분히 도움이 될 수 있다.

미술작품의 가격은
어떻게 정해질까?

전 세계의 내로라하는 아트페어에 나온 작품들의 가격은 몇천에서 몇십억 원이며, 세계 유명 경매에서는 몇백억에서 몇천억 원의 작품가를 호가하는 일이 다반사다. 놀랍게도 그 작품들은 실제로 거래된다.

데미안 허스트(Damien Steven Hirst)의 수술 도구들이 나열된 작품이 28억 원, 아이 웨이웨이(Ai Weiwei)의 의자들이 둥지 모양을 이루는 작품이 6억 5,000만 원에 거래가 되었으며, 국내의 경우에는 이우환, 박서보 화백의 작품들이 수억 원에서 수십억 원에 거래된다. 이렇게 억 소리 나는 작품들은 어떤 예술적 가치가 있기에 높은 작품가를 형성하는 것일까?

서양의 근대 화가들, 이를테면 빈센트 반 고흐(Vincent van Gogh)나 에드가 드가(Edgar De Gas), 오귀스트 르누아르(Pierre-Auguste Renoir) 등

의 그림이 비싼 것에 대해서 우리는 당연하게 받아들인다. 사실 이러한 작품들은 나와 상관없는 시대의 보물 같은 느낌이다. 그래서 그 작품에는 시대의 산물인 문화유산으로서의 가치가 작품가에 반영되어 있기 때문에 작품이 비싸도 이상하지 않다.

하지만 동시대 작가들의 작품가는 예술의 가치에 초점을 맞추기도 어려울 뿐만 아니라, 비싼 작품을 사는 사람들의 심리마저 궁금해진다. 사실 현대미술의 작품가는 경악할 정도다. 그래서 현대미술의 사기성에 대해 언급하는 사람들도 적지 않다. 또, 소수의 유명한 아트 딜러가 마치 주가조작을 하듯, 예술작품의 작품가를 조작한다는 소문이 돌기도 하니 그런 생각이 들 법도 하다.

그러나 미술시장에서 작품가가 왜 비싼지 알고자 한다면 가장 먼저 '희소성의 가치'를 생각해 봐야 한다. 희소한 물건일수록 더 높은 가치를 부여하고 소유하고 싶은 욕망도 더 커지는 법이다. 대개 희소성의 가치는 공급이 적어지면 물건의 상대적 가치가 증가한다는 경제적 요인으로 분석되는데, 행동경제학자들은 이러한 수요-공급의 원칙보다는 물건이 얼마나 희소한지, 혹은 물건이 얼마나 빨리 팔려 시장에 없을지를 근거로 가치를 평가하는 면이 강하다고 말한다. 특히 경쟁자가 있을 때 빨리 구매하지 않으면 소유의 기회가 사라질 것이라 생각하기 때문에 사람들은 그 물건에 더 높은 가치를 부여한다고 한다.

이와 관련된 에피소드로, 1996년 4월, 뉴욕의 소더비 경매장에 소더비 역사상 가장 뜨거운 경매로 알려진 재클린 오나시스(Jacqueline

Onassis)의 유품 5,000점 이상이 출품되었다. 경매 첫날, 경매장에는 1,500명의 이상의 사람들이 모였고 시카고와 로스앤젤레스의 소더비 사무실에서는 7만 건 이상의 입찰이 전화로 진행되었다. 경매 전 예상가는 330만~460만 달러였는데, 최종 경매가는 예상가의 거의 10배인 3,450만 달러에 달했다. 이는 희소성이 매우 높은 데다가 입찰자들의 치열한 경쟁으로 인해 가치가 급등한 것이었다.

하지만 미술작품 중에서는 경제성을 거스르는 작품들이 생각보다 많다. 일단 유명인이나 유명한 미술관이 소장했던 작품에 높은 작품가를 지불하는 일은 이들에 대한 프리미엄을 지불하는 심리가 작용한다. 그중에서도 늘 최고의 작품가를 경신하는 작품들은 사실상 컬렉터의 눈에 들어간 수많은 작품 중에서도 극소수에 불과하다.

대부분의 컬렉터는 미술작품의 순수한 미학적 가치에 대한 믿음을 가지고 천문학적인 돈을 미술품에 소비한다. 그들이 미술품을 구매하는 데에는 미술품에 투자한다는 개념보다는 그것으로부터 심리적 안정을 얻는 요인이 더 크게 작용한다는 통계도 있다. 이는 미술작품에 높은 금액을 지불하는 것을 그들의 미학적 감각에 대한 자본으로 환산하고 있다는 것으로 해석된다. 하지만 대부분의 재력가가 순자산 중 40퍼센트 이상을 미술작품에 소비한다는 사실을 두고 따져보면 의문의 여지는 있다.

또 다른 이유로는 미술시장에서 이뤄지는 그들의 쇼핑, 즉 컬렉팅을 통해 얻는 쾌감에 과감히 투자하는 것으로도 볼 수 있다. 이러한 행동은 정신적인 이유인 동시에 원초적이기까지 하다. 무언가를 구매한다는 것은 과거 선사 시대부터 이루어지던 수렵과 채집의 과정처럼 원초적인 본능이다. 이미 선사 시대 때부터 분배와 사유재산이 생겼던 것을 생각해 봤을 때, 이는 어쩌면 현대판 수렵이나 채집의 과정을 통한 권력의 과시일지도 모른다. 과거 조상들이 생산물이 많은 곳을 따라 유목 생활을 했던 것도 고전미술시장보다 현대미술시장이 활성화되는 이유와도 비슷한 듯하다. 즉 그들은 아트 컬렉팅을 통해 권력을 재분배하는 것이다.

작품가 형성 요인에는 명성, 미학적 가치, 경제적 가치나 시장을 바라보는 관점 외에도 수많은 요인이 영향을 미친다. 그중 금융 자본이 문화예술 자본으로 전환되었을 때의 효과는 엄청나다. 미술품은 소유에 대한 만족감이나 자신의 명예를 넘어, 자신에 대한 추모로까지 이어질 수 있다.

그러나 여전히 미술시장에서는 작가의 작품가에 대해 재료비와 창의적 가치 등의 요소로만 설명하고자 하는 사람들이 너무 많다. 그 대표적인 사례가 '호당 가격제'다.

그림의 크기로 가치를 따진다고?!

우리는 보통 미술작품의 가격을 말할 때 "누구의 작품은 호당 얼마다"라고 한다. 한국 미술시장에서는 대부분 '호당 가격제'로 작품의 가치를 평가하기 때문이다.

'호당 가격제'란 무엇일까?

호당 가격제란 캔버스 크기에 따라 작품의 가격이 매겨지는 것을 말한다. 예를 들어 1호 캔버스의 사이즈가 엽서 정도의 크기라면, 10호 캔버스의 크기는 그보다 훨씬 크며 작품가도 높아진다. 가령 호당 가격이 10만 원인 작가는 1호 크기의 캔버스에 그린 작품이 10만 원이고, 5호는 50만 원이 되는 식이다. 즉, 호당 가격은 캔버스에 투입된 노동력과 재료비 등을 원가 개념으로 산출하는 방식이다.

우리나라 미술계에 호당 가격제가 자리를 잡게 된 시기는 우리 미술시장이 처음으로 활황을 겪던 1970년대부터다. 호당 가격제는 원래 우리만 쓰던 것은 아니었다. 이것은 19세기 프랑스 화단에서 먼저 시작되었다.

당시 세계 미술을 주도하던 프랑스화가협회는 그림의 주제에 따라 적절한 크기를 정해 이를 표준화하려는 시도를 했다. 그림을 크기별로 나누는 캔버스의 기준이 세워졌으며, 그에 따른 가격 기준이 정해지게 된 것이다. 하지만 호당 가격제를 면밀히 들여다보면, 작가의 창의적 감각이나 철학, 작품 제작비와는 상관없이 그림에 들어간 재료비와 작가의 노동력인 인건비만으로 작품가를 산출한 경제학적인 개념에 가깝다. 게다가 이 개념은 현재 유럽에서는 완전히 소멸되었으며 전 세계에서 우리나라와 일본 정도만 사용하고 있다. 사실 일본에서도 현재는 작품 가격의 최대치로 참고만 하는 정도라고 한다.

그림의 크기가 커질수록 화가의 노동력이 많이 투입된다는 것은 맞는 말이다. 하지만 이 단순한 원리가 우리나라 미술시장에서 당당하게 자리 잡기엔 안목을 최고로 여기는 수많은 컬렉터와 아트딜러, 그리고 화가들에게도 납득하기 힘든 거래방식이다. 또 호당 가격제를 사용하지 않고 다른 방식으로 미술의 가치를 상정하는 나라가 대다수인 점을 감안하면 한국 미술시장이 국제적으로 나아가는 데 있어 걸림돌이 되기도 한다.

그렇다면 호당 가격으로 평가되는 미술품의 가격은 누가 정하는 걸까?

갤러리에 전속계약을 한 작가를 제외한 대부분의 아티스트는 스스로 작품값을 매긴다. 물론 전속계약을 한 작가들도 계약 이전의 자신의 작품 가격은 스스로 정한다. 이런 관행으로 인해 적절한 가격이라고 평가받는 작품들도 있지만, 대부분의 미술품 가격에는 거품이 끼어 있다고 생각하는 것이 일반적이다. 그래서 미술품 공시가가 이미 정해져 있음에도 불구하고 컬렉터들은 작품을 할인받지 않고 구매하면 어딘지 모르게 웃돈을 주고 사는 것 같은 느낌을 받곤 한다. 화가들도 컬렉터들의 심리를 잘 알고 있기에 자신들이 정한 미술품 공시가를 지켜내기가 쉽지만은 않다.

주식투자를 예로 들어보자. 삼성전자의 주식 가격은 누가 정할까?

삼성전자가 정할까, 아니면 증권회사가 정하는 것일까? 둘 다 아니다. 주식 가격은 '수요와 공급'의 원칙에 따라 투자자들이 정한다. 하지만 미술작품은 주식과는 달리 단 한 점이라는 '희소성'이 존재하기 때문에 그것을 소유하려는 사람이 많아지면 작품가는 상승한다. 피카소의 작품을 떠올려 보자. 어떤 경매에 피카소의 작품이 나왔다면 이를 소유하려는 사람들이 엄청나게 많기에 높은 낙찰가를 찍는 것이다. 이처럼 미술작품도 '수요와 공급'이라는 경제적 원칙을 거스를 순 없다.

미술작품은 재료에 따라서도 그 가치가 달라진다. 보통은 유화 작품이 가장 비싸며, 그다음으로 수채화, 파스텔, 드로잉, 판화 순으로 작품의 가치는 점차 낮아진다. 가령 박수근 작품의 경우 2008년도 기록에 따르면 유화 작품이 2억 4,200만 원, 수채화는 3,200만 원, 조각은 2,400만 원, 판화는 2,500만 원, 드로잉은 800만 원이었다.

또 컬렉터의 선호도도 작품의 가치에 영향을 미친다. 2010년 한국 미술의 새로운 지평을 열었다는 박서보의 작품 2점이 서울옥션에 출품된 적이 있다. 두 작품은 색만 달랐지 다른 요소는 모두 같았다. 그런데 그때 두 작품의 시작가는 7,700만 원으로 같았으나, 한 작품은 8,000만 원에, 다른 작품은 1억 5,000만 원에 낙찰되었다. 같은 작품인데 가격이 달랐던 이유는 박서보 작품의 경우, 컬렉터들이 색에 대한 선호도로 작품의 가치를 평가하는 부분이 컸기 때문이다. 일반적으로 무채색보다는 유채색을, 가벼운 느낌보다는 무거운 느낌을, 어두운 느낌보다는 밝은 컬러를 선호하는 컬렉터들에 의해 두 작품의 운명이 갈린 것이다.

이처럼 미술작품의 가격을 결정하는 요인은 매우 다양하다. 그렇기에 작품가는 다양한 요인을 충분히 고려해서 매겨져야 한다. 물론 대부분의 화가들은 여전히 호당 가격을 사용하고 있지만, 요즘에는 서서히 작품가에 대한 작가들의 인식도 달라져 작품의 크기가 아닌 다양한 요인에 따라 작품가가 책정되는 경우도 많아졌다.

우리가 그림을 감상할 때, 크기가 크다고 그림이 무조건 좋은 것은 아니며 아주 작은 크기의 작품에서도 감동을 충분히 느낄 수 있다. 결국 좋은 작품이란 크기의 문제는 아니라는 말이다. 그리고 좋은 작품 중에는 작품의 크기와 상관없이 작가의 남다른 열정이 들어간 작품이나, 작가 스스로가 애착을 품은 작품들도 존재한다.

곰곰이 생각해 보면 크기에 따라 작품가를 매기고 그 가치를 평가하는 것은 사실상 좀 억지스럽다. 분명히 화폭 안에는 작가의 가치관과 개성, 사상이 존재하며 작품에 따라 대중성도 다르기에 이러한 것들을 모두 고려해서 작품가가 매겨진다면 거품이 끼어 있다는 선입견도 어느 정도는 줄어들 수 있을 것이다. 또한 컬렉터가 작품가에 대한 신뢰가 높아질수록 작품 공시가가 지켜지기 때문에 투명한 거래가 활성화될 수 있다. 이것은 작가와 컬렉터, 갤러리에 모두 득이 되는 일이며, 투명한 거래를 했을 때만이 미술시장은 더욱 활기를 띨 것이다.

명화의 가격을
결정하는 사람들

세계에서 가장 비싼 그림은
무엇일까?

2017년 뉴욕 크리스티 경매에서 레오나르도 다빈치(Leonardo di ser Piero da Vinci)의 〈살바도르 문디(Salvator Mundi)〉가 4억 5,030만 달러로 우리 돈 4,000억 원에 낙찰되었다. 이 그림은 역사상 가장 비싼 그림으로 사우디의 왕세자 무함마드 빈 살만에게 판매되었다. 다음으로는 미국의 추상표현주의 화가 윌렘 드 쿠닝(Willem de Kooning)의 작품 〈인터체인지(Interchange)〉가 3억 달러(약 4,000억 원)로 낙찰되었는데, 이는 세계 최대 헤지펀드 회사인 시타텔의 창업자 켄 그리핀에게 판매되었다. 판매액 3위는 폴 세잔(Paul Cézanne)의 〈카드놀이를 하는 사람들(The Card Players)〉 5점 연작인데, 2억 6,000만 달러(약 3,000억 원)에 카타르 왕실 컬렉션으로 판매되었다.

지금까지 단 한 번도 거래되지 않은 그림 중에서는 프랑스 루브르 박물관에 있는 레오나르도 다빈치의 〈모나리자(Mona Lisa)〉가 가장 비싼 가격일 것으로 여겨지고 있는데, 전문가들은 이 그림의 값을 40조 원 이상으로 추정하고 있다. 만약 이탈리아 우피치 미술관에서 소장한 산드로 보티첼리(Sandro Botticelli)의 〈비너스의 탄생(The Birth od Venus)〉이나 미국 MoMA가 소장하고 있는 파블로 피카소(Pablo Picasso)의 〈아비뇽의 여인들(Les Demoiselles d'Avignon)〉도 미술시장에 나온다면 틀림없이 천문학적인 작품가로 산정될 것이다.

이처럼 세계에서 가장 훌륭한 작품들로 인정받는 명화들의 가격은 어떻게 정해지는 걸까?

먼저 미술작품의 가격에 영향을 미치는 기본적인 요인으로는 작품의 미술사적 위치, 작품의 질적 수준이나 보관 상태, 작품에 대한 평론가나 미술사가의 영향과 작가나 작품에 대한 인기 등이 반영된다. 또한 근현대 작가들의 역할도 큰 영향을 미친다. 예를 들면, 빈센트 반 고흐, 폴 고갱, 폴 세잔 등의 인상파 화가들의 작품이 전 세계 경매시장에서 최고가를 갱신하는 이유는 이들이 인상주의에 대한 미의 가치를 전 세계에 보편적으로 인지시키고 미술사적 가치를 확고하게 다졌기 때문이다.

세계 최대의 양대 옥션인 소더비나 크리스티 같은 경매 회사들의 활동도 작품가가 결정되는 데 영향을 미친다. 그들은 그동안의 데이터를 기반으로 미술시장의 근황이나 컬렉터의 기호 변화 등의 정확한 연구를 통해 추정가를 정한다. 그 후 세계 곳곳에 있는 지점에서 미술 애호가들이 모일 수 있도록 적극적인 마케팅을 하고 경매 시장에 작품을 출품한다. 그리고 마지막으로 미술 컬렉터들의 경매장에서의 열띤 경합을 통해 최종적으로 미술품의 가격이 결정이 되는 것이다.

이와 같은 미술품 경매 회사는 우리나라에도 있다. 2000년도에 서울옥션의 출범을 시작으로 2023년 현재까지 십여 개에 가까운 경매 회사들이 설립되었다. 이들 경매 회사는 20여 년간 운영되면서 명실공히 한국의 대표 경매 회사가 되었지만, 여전히 서양의 경매 회사에 비해 예술에 관한 정책이나 수준 면에서 따라잡지 못하고 있다. 이뿐만 아니라 국내 경매 회사에 대한 컬렉터들의 불신감은 여전하고 컬렉터의 수도 외국에 비해 턱없이 부족하다. 이런 상황 탓에 외국 경매를 통해 우리의 명화들이 제값을 받지 못하고 국외로 유출되는 것을 생각하면 안타까운 일이 아닐 수 없다. 물론 우리나라 화가 중에서 크리스티에 작품을 출품해 높은 가격에 낙찰되면서 세계적인 작가 대열에 합류한 화가들도 있다. 하지만 그 작품가 또한 여전히 외국의 다른 작품들에 비해 저평가된 것이라 할 수 있다.

그럼에도 불구하고 여전히 우리 미술에 긍정적으로 볼 수 있는 요인들은 존재한다. 2021년 한국 미술시장이 최대 호황기를 맞으면서 우리나라의 경매시장도 세계 미술시장의 확대와 더불어 크게 성장한 것이다. 이는 경매 회사의 실적을 통해서도 확인할 수 있다.

2017년에는 처음 경매 회사가 생겼을 때보다 무려 500배에 가까운 매출액인 1,000억 원을 넘어섰으며, 2021년에는 드디어 수천억 원에 이르는 매출에 도달했다. 이는 수많은 컬렉터의 탄생을 의미하기도 한다.

　사실상 컬렉터가 미술시장에 미치는 영향력은 어쩌면 미술시장이 돌아가는 이유라고 할 정도로 상당하다. 사실 세계 미술의 역사를 이어온 것도 컬렉터들이며, 미래에도 변함없이 그들이 세계 미술시장을 주도할 것이다. 미술시장이 더욱 발전하기 위해서는 컬렉터들에게 우리 미술시장에 대한 신뢰가 담보되어야 하며, 그 신뢰는 '투명성'과 '공정성'에서 비롯된다는 점을 반드시 기억해야 할 것이다.

미술작품의 후광 효과

'어떤 사물을 뒤에서 더욱 빛나게 할 수 있는 배경'

우리는 이를 '후광 효과'라고 한다. 그렇다면 미술작품에도 후광
효과가 있을까?

2011년 뉴욕 솔로몬 구겐하임 뮤지엄에서 이우환의 개인전이 열
렸다. 개인전 이후 이우환은 세계적인 작가의 반열에 오르며 작품
가는 가파르게 상승했다. 미국 화가 제스퍼 존스(Jasper Johns)는 뉴욕
의 MoMA의 관장인 알프레드 바가 소장한 그의 작품 3점이 MoMA
에 걸리면서 작품가는 순식간에 급등했다.

우리나라의 최영욱 작가의 〈카르마(Karma)〉는 빌 게이츠 재단에
서 소장하면서, 2015년 국내에서 전시했던 미국의 추상표현주의의
거장 마크 로스코(Mark Rothko)는 '스티브 잡스가 사랑한 그림'이라는
타이틀로 대중의 관심을 받았다.

또, 앤디 워홀(Andy Warhol)의 초상화 작품은 영국의 유명 배우인 휴 그랜트가 소장했었던 작품이라는 이유만으로 크리스티 경매에서 작품의 추정가보다 30배에 달하는 가격에 낙찰되었으며, 우리나라의 윤병락 작가 역시 홍콩 크리스티 경매에서 8억 원이 넘는 낙찰가를 찍으며 '크리스티 작가'라는 별명을 얻으며 유명 작가로 등극했다.

이처럼 작가의 작품이 예술성이 검증된 미술관에 전시되거나 세계적으로 검증된 경매에 작품을 출품하면서 '구겐하임 작가', '크리스티 작가' 등 '미술관급 작가'라는 타이틀을 얻게 되면, 작가들은 자신과 작품의 브랜드 가치를 높이고 명성과 부(富)를 갖게 된다. 그래서 많은 작가들은 작품의 매매가 금지되어 있음에도 불구하고 미술관 전시를 꿈꾼다.

그런데 정작 예술세계의 공공성을 지향해야 할 미술관에서는 아티스트의 작품을 소장하는 영향력의 대가로 작품가를 절반 이하의 수준으로 깎아 소장하는 경우가 다반사다. 물론 미술관이 한정된 예산으로 운영된다는 측면에서 이해 못 할 바는 아니지만, 때로는 도를 넘어 전시 준비에 필요한 자본을 작가의 몫으로 돌리는 일도 있다. 작가의 입장에서는 미술관의 불공정한 횡포라는 걸 알고는 있지만, 막대한 손해를 감내하면서도 미술관 전시를 진행하는 작가들이 많은 이유는 바로 전시가 가져다줄 영향력 때문이다. 또 미술관에서 주는 후광 효과는 단지 예술성을 인정받은 소수 작가만이 누릴 수 있는 특권이라는 인식의 영향도 있다.

하지만 "현대미술은 사기다"라는 말이 나오는 이유에 대해서 생각해 볼 필요가 있다. 이러한 후광 효과와 과한 마케팅으로 인한 작품 띄우기는 아티스트의 연예인화를 낳을 뿐이다. 즉, 상업화 그 이상도 이하도 아니라는 말이다.

그리고 미술관의 행태 개선뿐만 아니라 컬렉터들 역시 작품을 대하는 태도를 달리할 필요가 있다. 많은 컬렉터가 작가의 유명세에 힘입어 작품을 구매하고자 하는 경향이 있는데, 컬렉터는 유명세만으로 작품을 소장하는 것을 자제해야 하며 작품 속에 기본적으로 추구해야 할 '예술성'과 '예술적 가치'를 신중히 살펴보는 자세를 견지해야 할 것이다.

미술시장 속
위작의 세계 1

미술시장은 과거부터 지금까지 '미술시장과 위작시장'으로 나뉜다고 할 정도로 위작이 넘쳐난다. 이는 전 세계는 물론 한국 미술시장에도 해당되는 말인데, 국내에서는 주로 이름을 날린 근현대미술 작가들의 위작이 많다.

위작은 주로 원작이 있는 작품을 복제 형태로 그린 것과 원작에 있는 도상을 조합하여 작품을 만들어 내는 합성법, 또 작가의 삶에 대한 인간관계, 개인적인 사건, 특정한 화풍 등을 분석하여 새로운 작품으로 편집해 만들어 내는 것 등 여러 유형의 위작이 존재한다. 위작에는 유화 작품이 가장 많고 드로잉부터 판화에 이르기까지 장르를 가리지 않는다. 마치 또 다른 미술시장이 존재하듯, 위작시장은 상상 이상으로 굉장히 방대하다.

미술 감정사들은 위작을 알아보기 위해 작가의 일생을 조사하며, 작품에 대한 진위를 가르는 중요한 기준들을 찾아낸다. 이를테면 작가가 남긴 드로잉을 조사한다거나 서명은 그림의 어느 부분에 어떤 스타일로 했는지, 또 작가가 좋아하는 재료는 무엇인지 등을 시대별로 찾아 철저하게

232

조사한 후 그 시대의 작품들과 비교해 보는 작업을 한다.

우리나라의 경우 위작 의뢰가 많은 서양화가로는 박수근, 이중섭, 오지호, 김종학, 김환기 등이 있으며 천경자, 김기창, 변관식 등 동양화가들의 작품에 대해서도 위작 판정 의뢰가 꾸준하다. 분야별로는 서양화가 70퍼센트 이상이며 동양화, 드로잉, 판화 순이라는 통계도 있다.

위작이 이토록 많은 이유는 무엇일까? 가장 큰 이유로 '비싼 작품가'를 들 수 있다. 이는 경제적 관점의 '작품의 희소성'과 연결된다. 과거 로마 사람들은 전쟁의 전리품으로 가져온 그리스 조각의 매력에 반했는데, 작품의 수가 한정적이다 보니 위작을 통해 그들의 소유욕을 해결했다. 그리스의 한정된 조각품을 두고 로마 사람들은 비싼 수공을 지불하고서라도 작품을 소유하고자 했던 욕망이 그만큼 컸던 것이다. 이러한 소유욕을 가진 사람들의 심리와 이를 이용해 돈을 벌어보고자 하는 위작 작가들의 심리가 결합해 위작시장은 커질 수밖에 없었다.

또 그림을 조금 저렴하게 구매하기 위해 검증된 화랑이나 기관이 아닌 개인에게 구매하는 경우가 종종 있는데, 이런 행태도 위작을 구매할 가능성을 높인다. 그런데 재미있는 것은 위작 작가들이 자신이 그린 위작이 미술품이라고 주장하는 일도 종종 있다는 사실이다. 게다가 실제로 진품이 아닌 위작으로 밝혀져 공개된 작품도 개인의 소유물로 인정받아 거꾸로 미술품 감정기관에서 명예 훼손으로 이를 보상해 준 사례도 있다고 하니 정말 황당한 일이 아닐 수 없다.

이처럼 위작시장은 우리가 상상하는 범위를 넘어선 방대한 세계다. 하지만 위작은 말 그대로 모사품일 뿐 결코 예술작품으로 볼 수 없다. 예술작품은 작가의 생애가 고스란히 담겨 있는 작가의 삶 전체로 볼 수 있으며, 이는 한 개인의 역사임과 동시에 당시 사회를 반영한 그림이기에 위작과 결코 비교 대상이 될 수 없다. 하나의 작품이 탄생하기까지 쏟아부은 아티스트의 열정과 노력, 그리고 그것을 넘어선 고뇌가 어찌 그 작품을 베낀 위작과 비견될 수 있겠는가.

우리는 위작에 대한 너그러운 마음을 버려야 한다. 화가의 삶과 정신이 깃든 작품을 존중하는 태도는 우리가 위작을 어떻게 대하는지에서부터 시작된다는 점을 기억하자.

08

지금은 아트테크
제너레이션!

아트 컬렉팅,
왜 매력적일까?

> "그림을 사지 않은 사람은 있어도,
> 그림을 한 점만 사는 사람은 없다"

그림을 단 한 번이라도 구입해 본 경험이 있는 사람들은 그림이 주는 정신적 충만함이 얼마나 큰지 알 수 있다. 그림은 우리가 사는 시대와 사회를 반영하고, 삶을 반영한다. 그림은 마치 판도라의 상자처럼 미스터리한 비밀이 숨겨져 있을 거 같은 느낌을 준다. 그 판도라 상자는 우리가 작가의 삶을 읽을 수 있고, 그것을 통해 내 삶도 들여다볼 수 있도록 해준다. 우리는 그림을 보면서 자기반성을 하기도 하고, 감사함을 느끼기도 한다. 또 추억을 떠올리거나, 미래에 대해 다짐을 하기도 하는 등의 삶을 돌아보는 형태도 다양하다. 그렇게 벽에 걸려 있는 한 점의 그림은 누군가의 사고를 바꿀 수도 혹은 삶을 바꿀 수도 있다. 또 그림은 사회의 부정이나 악습 등에 일침을 가하거나 사회 부조리를 우회적으로 비판하면서 더 나은 세상을 갈망하기도 한다.

이처럼 벽에 걸려 있는 그림 한 점의 효과는 실로 엄청나다. 한 사람에게 있어 그림은 마음의 움직임을 좇아 마음을 치유하고 위로하고 위안을 해주는데, 바로 이것이 아트 컬렉팅의 매력이라고 할 수 있다.

사실 그림을 한 점 사는 데에는 한두 푼 비용이 드는 것은 아니다. 한 달 월급 혹은 수 달에서 일 년 이상의 월급을 들여야만 살 수 있는 그림들도 많으며, 일반 직장인이라면 구매할 엄두조차 못 낼 비싼 그림들도 많다. 하지만 비싸더라도 사람들이 그림을 소장하고자 하는 이유는 그림이 삶의 원동력이 되기 때문이다.

아트 컬렉팅은 우리에게 자아실현의 계기를 마련해 준다. 내가 좋아하는 작가의 작품을 수집하고 또 그들의 작품을 세상에 알리면서 나도 모르게 화가와 미술시장을 자연스럽게 후원하게 된다. 사실 어떤 특정 작품을 수집하고 홍보하는 데까지는 많은 시간과 노력을 쏟아야 한다. 돈을 좇아서 하는 일이 아니기에 진짜 좋아하지 않으면 쉽게 할 수 없는 일이기도 하다. 하지만 미술을 사랑하고 가치를 좇는 사람들에게는 어렵게 구한 작품 한 점이 얼마나 큰 행복을 가져다줄지 알기에 한번 컬렉팅을 시작하면 이 세계에서 쉽게 벗어날 수 없는 것이다. 아니 정확하게는 벗어나고 싶어 하지 않는다. 그만큼 내적 성장과 만족을 얻을 수 있기에 아트 컬렉팅의 세계에 빠진다고 말할 수 있다.

하지만 어떤 사람들은 아트 컬렉팅이 돈이 되지도 않는데, 왜 그렇게 수집에 몰두하느냐고 의문을 가질 수도 있다. 하지만 아트 컬렉팅의 또 다른 매력 중 하나가 바로 그림이 자산으로의 가치가 있다는 사실이다. 그림은 투자 측면에서도 가치가 높다. 좋은 작품은 누구나 원하지만 단 한 점이라는 희소성 때문에 모두가 원하는 작품을 소장할 수는 없다는 점이 바로 그림의 가치를 올리는 것이다. 하지만 투자의 목적만을 가지고 아트 컬렉팅을 시작한다면 내가 소장한 작품의 가격이 쉽게 오르지 않음을 느끼고 아트테크는 아무나 하는 게 아니라는 결론을 내리기 쉽다. 그림의 가격은 주식의 가격처럼 금방 오르는 것이 아니며 긴 시간이 필요하다. 또 모든 그림이 다 가격이 오르는 것은 아니라는 점을 인지해야 한다. 하지만 그림에 대한 지식과 안목을 가지고 그림 수집을 한다면 어떤 작품이 훌륭한 작품인지, 또 미술시장에서의 가치는 어떤지 판단할 수 있는 미술에 대한 통찰력을 기를 수 있으며, 덩달아 아트테크도 성공하게 된다.

세상에는 다양한 형태의 그림들이 존재한다. 그래서 자신이 원하는 방향에 맞는 작품을 찾아 한 점 한 점 모으다 보면 보는 큰 성취감과 함께 컬렉팅의 매력에 빠지게 될 것이다.

더불어 세상에는 훌륭한 많은 작가들이 존재하며 그들은 늘 창조한다. 따라서 그림에 질릴 일조차 없다. 게다가 그림은 아트테크의 기능도 있기 때문에 그림을 한 점 사서 수년 동안 즐긴 후, 시장에 내놓아 되파는 재테크의 역할도 있다. 물론 모든 그림이 다 그런 것은 아니다. 하지만 그렇지 않더라도 그림은 우리의 정서를 풍요롭게 해주며, 정신적인 면을 충만하게 함으로써 우리 삶의 최고의 부가가치를 창출한다. 바로 이것이 우리가 아트 컬렉팅을 하는 이유다.

●

지금은 아트테크 시대

MZ세대가 주도하는
아트테크

2019년부터 서서히 꿈틀대던 한국 미술시장은 'K-POP 다음은 K-ART'라고 암시라도 하듯 그 움직임이 활발하다. 대중이 미술품을 사고파는 붐이 일면서 경매 기업의 주가는 상승했고, 미술 컬렉터들에게 비교적 저평가되던 국내 화가들의 작품의 입지 또한 넓어졌다.

2021년 경매 회사들은 매달 메이저, 프리미엄, 온라인 등으로 경매를 세분화했고 실제로 진행된 경매에서는 미술품의 80퍼센트 이상이 낙찰되는 결과를 만들어 냈다. 미술시장에 호황기의 물결이 인 것이다.

미술시장은 여러모로 매력적이다. 내가 좋아하는 그림을 사서 벽에 걸어 수년간 즐긴 후, 다시 미술시장에 내놓아도 일정 금액 이상의 작품가를 되돌려 받을 수 있으니 정말 즐거운 일이 아닐 수 없다. 또 내가 산 그림의 작가가 유명해지기라도 하는 날에는 실컷 그림을 즐기고도 구매한 작품가보다 더 많은 이익을 얻을 수 있으니, '희소성' 하나만으로 일거양득을 이룬 셈이다.

미술품을 수집하는 목적은 다양하다. 누군가는 예술 자체를 즐기는 것이 좋아 그림을 수집하고, 누군가는 예술도 즐기고 단 한 점의 그림이라는 희소성을 만끽하기 위해 수집한다. 또 철저하게 미술품을 재테크의 대상으로 보는 사람들도 있다.

이런데 이러한 미술시장의 중심에는 MZ세대가 존재한다. 현재 미술시장의 중심으로 등극한 세대는 MZ세대다. 이들은 미술품을 수집하는 데 소극적이었던 예전 세대에 비해 주관이 강하고 열정적이며 거리낌이 없다. MZ세대는 1980년대 초부터 2000년대 초 출생한 세대를 말하는데, 주로 한정판 운동화나 아트토이를 수집하는 등 취미와 재테크를 함께 한다. 바로 이러한 그들의 취미가 미술품으로 향한 것이다.

MZ세대는 기성세대와는 다르게, 외국에서 자랐거나 휴가는 으레 외국으로 갈 정도로 해외여행이 일상적인 환경에서 자랐기 때문에 영어는 기본이며, 그 수준도 높다. 이들은 다방면으로 엄청난 능력을 갖추고 있으며, 노력과 실력을 겸비한 사람들이 많아 성공한 젊은 사업가들도 많다. 또한 모바일과 디지털 환경에 매우 익숙하며 트렌드나 이색적인 경험을 추구하며 인생을 즐긴다. 이들은 기성세대에 비해 자산이 적은 편이지만, 현재 자신이 할 수 있는 일에 과감하게 투자한다. 또, 소액으로 할 수 있는 일에 익숙하며 다양한 투자 방법을 적극적으로 받아들인다. 사실 기존 세대가 부동산이나 주식 등의 투자에 열성적이었다면, 그들은 당장 소액으로 투자할 수 있는 것에 민첩하게 대응하며 판화나 한정판 토이, 한정판 운동화 등 본인의 취향을 반영한 아이템에 아낌없이 투자한다. 바로 이러한 MZ세대의 영향으로 미술시장에서는 젊은 작가의 작품부터 한정판 판화, 아트토이까지 여기저기서 솔드아웃 현상이 일어났다. 또한 SNS 플랫폼을 이용해 자신들끼리 거래하는 것에도 전혀 주저함이 없으며, 이를 통해 개인거래를 해서 차익을 얻는 '리셀테크'에도 능숙하다. 확실히 과거의 미술 애호가와는 다른 모습이다.

사실 기존의 미술 컬렉터들은 미술품을 소장하기는 하지만, 자신이 소장한 미술품의 재판매에 대해 예민한 경우가 많다. 이러한 행위는 품위가 없다고 여기기 때문이다. 갤러리 또한 작가에게 피해를 줄 수 있는 일이므로 이를 막으려 한다. 그러나 MZ세대는 미술품 재판매를 부끄러운 일로 생각하지 않으며 오히려 당당하게 생각한다.

2021 아트마켓 보고서에 따르면 미국과 영국을 비롯해 중국, 홍콩 등의 10개국의 나라에서 아트 컬렉터의 비중을 차지하는 연령대 중 무려 56퍼센트가 MZ세대였다. 이는 미술시장이 온라인 시장으로 이동하면서 디지털에 익숙한 MZ세대가 미술시장으로 유입되었

기 때문이다. 또 부동산과는 다르게 미술품은 비과세가 적용된다는 것도 큰 역할을 했다.

MZ세대는 억대에서 수십억대의 작품에 해당하는 고액 투자도 서슴지 않는다. 공동구매라는 새로운 방식을 미술시장에 만들어 내면서 수억 원대에 해당하는 작품을 구매하는 것이다. 이후 작품이 오르면 되팔아 투자자의 수만큼 차익을 나눠 이익을 본다. 확실히 이전 시장에서는 찾아볼 수 없는 모습이다.

하지만 분명 우려할 점도 있다. 자신이 좋아하는 작품이 아닌데도 불구하고, 오로지 아트테크만을 위해 작품을 구입하는 경우가 많기 때문이다. 실제로 이러한 경우 미술시장이 불경기가 되었을 때, 좋아하지도 않는 작품을 고스란히 떠안게 되는 원치 않는 상황이 발생한다. 아트테크는 분명 그림을 구매하는 큰 매력 중 하나다. 하지만 아트 투기가 되지 않도록 신중하고, 또 신중하게 생각한 후 그림을 구매해야 할 것이다.

미술시장의 뉴페이스 '미술개미'

과거 미술시장은 가진 자, 일명 큰손들이 모여 그림을 향유하는 곳이었다. 그런 미술시장에 새로운 바람이 불기 시작했다. 2021년부터 '미술개미'라 불리는 소규모 투자자들의 수가 급증했기 때문이다. 이로 인해 미술시장은 큰손들이 소장할 수 있는 억대의 컬렉션과 적은 자본으로 소장할 수 있는 신진작가의 컬렉션으로 양극화 현상을 보이게 되었다. 이와 더불어 새로운 스타 작가들도 탄생시켰다.

소위 '블루칩 작가'들은 자신만의 독특한 작업으로 세월에 따라 깊은 내공을 쌓아 자연스럽게 세계적인 화가로 거듭난다. 그런데 근래 탄생한 스타 작가들은 소규모 투자자들의 엄청난 인기에 힘입어 전시가보다 2배에서 많게는 10배에 가까운 작품가를 찍으며 순식간에 탄생했다.

이러한 일이 가능한 이유는 미술시장에 엄청난 수로 유입된 소규모 투자자의 힘 때문이었다. 사실 신진작가의 작품은 몇십에서 몇백만 원 수준으로 미술 컬렉터가 접근하기에 턱없이 높은 가격은 아니다. 하지만 2021년 미술시장의 호황기에는 좋은 가격의 그림을 쟁취하기 위한 경쟁이 불붙으면서 그림값에 웃돈을 주고 사는 일은 기본이 되었다. 그렇게 탄생한 스타 작가들의 작품은 전시 전 이미 판매되는 것은 기본이며 2차 시장으로 나온 작품들은 부르는 게 값이 되기도 하는 웃지 못할 해프닝도 허다했다.

이처럼 소규모 투자자들의 등장은 미술시장을 과열시켰다. 마치 주식시장의 과열과도 비슷한 듯하지만, 미술작품은 '단 한 점'이라는 희소성이 작용해 주식시장보다 더 치열한 양상을 보였다. 물론 미술시장의 문턱이 낮아지고 대중화되었다는 점에서는 문화 수준을 높일 기회가 되었지만, 어떤 화가의 어떤 전시가 좋은지의 여부

보다 돈이 되는 작품만을 찾는 것은 큰 문제로 부각되었다.

하지만 미술 투자를 원한다면 현재 스타 작가의 인기가 얼마나 지속될지 따져봐야 하며 미술시장에도 유행이 존재한다는 것도 알아야 한다. 현재는 '단색화'의 인기가 압도적이지만, 10년 전에는 극사실화가 유행이었으며 팝 아트가 유행이었던 시기도 있었다. 투자에만 치우쳐 내가 좋아하는 스타일이 아닌데도 유행에 따라 그림을 소장할 경우, 유행이 지나면 그 작품을 고스란히 보관해야 하는 상황이 올지도 모른다.

그렇다면 좋은 화가와 작품을 찾는 방법이 따로 있을까? 보통 아트 컬렉팅에 입문하는 사람들은 꾸준히 미술관이나 갤러리를 방문해 작품을 보고, 아트페어나 비엔날레에서 어떤 작가가 떠오르는지 확인하거나 SNS도 적극적으로 활용하라는 조언을 많이 받곤 한다. '현재'의 관점에서는 물론 이러한 방법이 유용할지도 모른다. 하지만 아트테크를 제대로 하려면 현재의 가치보다 미래의 가치를 보는 안목을 가져야 하며, 현재의 가치를 넘어 '미래의 가치'를 내다볼 줄 아는 안목을 기르고 싶다면 우선 기본에 충실해야 한다.

예술적 안목을 높이고 미술시장의 큰 흐름을 읽기 위해서는 미술과 관련한 다양한 책을 읽어야 하고 각종 전시회를 찾아 작품 속에 묻어난 시대정신을 읽을 수 있어야 한다. 또한, 다른 컬렉터와 갤러리와의 소통을 통해 유용한 정보를 얻고 인맥을 쌓아두는 것도 미래가 촉망되는 신진작가 발굴에 큰 도움이 된다.

미술 투자는 가치가 있다. 하지만 미술 투자가 '황금알을 낳는 거위'는 아니다. 모든 투자에서 감안해야 하는 '리스크'가 미술시장에도 존재한다. 또, 여느 투자와 마찬가지로 미술 투자를 성공하기 위해서는 많은 자본과 사전지식도 필요하다. 그래서 미술 투자 열풍에 휩쓸리는 것은 매우 위험하며 미술작품으로 대박이 날 것이라는 생각은 배제하는 게 좋다. 아울러 진정한 미술 투자를 위해서는 스스로 작품을 탐구해 보는 것과 미술시장에 대한 변화를 지켜보기를 바란다. 유행에 따른 미술개미가 되기보다는 작품에 애정과 확신을 가지고 하는 투자만이 실패 없는 투자의 정석임을 잊지 말자.

미술시장, 잔치는 끝났다?

최근 10년 만에 미술시장이 호황을 맞았지만, 대중과 언론 매체들은 전 세계적인 경기 침체와 함께 호황이 끝나고 '옥석가리기'가 시작되었으며, 제대로 된 화가만이 살아남을 수 있다고 말한다. 정말 미술시장의 호황기가 막바지에 접어들었는지는 확실하지 않지만, 현실적으로 물가는 급등하고 금리는 상승하여 서민들의 생활은 어려워졌다.

일반적으로 사람들은 생활이 여유로워지면 문화예술 쪽으로 눈을 돌리게 된다. 그러나 삶이 힘들어지면 사치품으로 여겨지는 품목부터 줄이기 시작하는데, 이 중 그림도 예외가 아니다. 2021년 이

전에는 주식이나 가상 자산에서 얻은 수익금이 주로 여행이나 쇼핑 등으로 사용되었지만, 코로나19로 인해 이 수익금이 미술시장으로 유입되면서 미술시장은 전례 없는 최대 호황을 경험했다. 그러나 최근에는 그간 미술품을 투기 대상으로 여겼던 사람들이 혼란한 경제 상황과 침체된 시장 분위기로 내가 산 가격보다 낮은 가격에 시장에 그림을 내놓고 있다. 이는 불과 얼마 전까지 전시가보다 웃돈을 주고서야 겨우 그림을 살 수 있었던 것과는 완전히 다른 풍경이다.

또한 아트페어는 전처럼 인산인해의 북적임이 느껴지지 않고, 미술 경매에서는 시작가에도 유찰되는 작품들이 많아져 미술시장의 호황기가 막을 내렸다는 분위기를 자아낸다. 그러나 미술계에서는 여전히 "블루칩 화가의 인기는 여전하며, 작품은 잘 팔리고 있다"라고 말한다. 그런데 문제는 죽을 때까지 소장해도 좋다는 '블루칩 작가' 외에 다른 작가들에게는 미술시장의 침체가 생존의 문제로 다가오는 데에 있다.

2021년 미술시장은 실제로 그림을 잘 모르는 사람들도 즐길 수 있는 새로운 경험을 제공하며, 컬렉터들에게 많은 기회를 제공하는 장이었다. 이 시기는 회화와 조각뿐만 아니라 판화, 포스터, 아트토이 등 미술로 표현할 수 있는 모든 작품이 과열되어 호황기를 넘어 황금기를 맞이한 시장이 펼쳐졌다. 하지만 현재는 2008년 이후 10년 만에 호황기가 온 것처럼 언제 다시 미술시장에 호황기가 찾아올지모른다는 생각에 불확실성이 확산되고 있다.

그러나 미술품에는 부동산이나 주식, 비트코인과는 또 다른 '부가 가치'가 존재한다. 부동산, 주식, 비트코인 등의 투자자산과는 달리, 미술품은 감상하거나 즐기며 나의 정신적인 것에 영향을 미치는 부분이 크다. 또한, 그림을 좋아하는 사람들끼리 모여 대화를 나눌 수도 있다. 이러한 공통점만으로도 그림을 좋아하는 사람들은 큰 재미와 행복을 느낄 수 있다. 그렇기에 한번 미술품에 마음을 빼앗긴 사람들이 미술품과 이별하는 것은 쉽지 않다. 미술품 수집도 마찬가지다. 미술시장에 관심을 두고 그림을 구매하고 소장하며 집에서 즐기는 기쁨이 얼마나 큰지 알고 있는 사람들은 갑자기 그림이 없었던 과거로 돌아가 모두 잊고 사는 일은 힘들다고 볼 수 있다. 이는 그림이 미치는 영향력이 매우 크다는 것을 보여준다.

　현재 시장에는 투기적인 방식으로 접근한 그림들이 쏟아져 나오고 있다. 하지만 이러한 그림들을 자세히 살펴보면, 갤러리가 무분별하게 판매했거나 작품으로서 기본기 없이 인기만 끌었던 작품들, 그리고 웃돈을 주고 구입할 가치가 없었던 한정판 판화나 포스터 아트토이 등이 대부분이다. 정작 예술가로서 평생을 살며 그린 그림들이나 예술적 가치를 인정받은 작품들은 시장에 적게 노출되고 있다. 이는 미술시장에 어떠한 목적으로 들어왔건 그림의 가치를 아는 사람들이 많다는 것에 대한 방증이기도 하다.

　현재 한국의 미술시장의 규모는 아직 작지만, 이미 2021년을 기점으로 전 세계적인 주목을 받게 되었고 그 규모도 점점 확대되고 있다. 또한 자산으로서의 가치와 아트테크를 통한 가치투자시장의 역할도 인정받고 있다. 가장 큰 변화는 기성세대가 집중했던 미술시장을 MZ세대가 차지하며 연령층이 낮아졌다는 것과 청년 작가들에 대한 정부의 지원도 증대되고 있다는 점이다. 이러한 추세와 함께 오프라인을 넘어선 다양한 전시 플랫폼들도 급성장하고 있다.

물론 지금은 미술시장은 경기 침체로 인해 잠시 주춤할 수 있지만, 하루아침에 성장이 멈추지는 않을 것이다. 또, 호황기의 데이터를 지켜내는 것은 어려울 수 있지만, 비관적으로만 볼 필요는 없다. 지금까지 미술시장은 일반 경제처럼 수차례의 호황과 불황을 겪으며 성장해 왔으며, 지금 불황이라도 또 호황은 반드시 올 것이다. 따라서 장기적으로 볼 때 미술시장은 여전히 블루오션이라고 할 수 있다.

아트테크 열풍 속
어두운 그림자

미술품을
오직 자본으로만 보는 위험성

　　미술품 수집은 '부자들의 마지막 취미'라 불릴 만큼 무형적인 가치에 자본을 투자하는 일이다. 과거에도 부가 축적된 사람들은 꾸준히 미술품을 구매했으며, 권력과 부의 끝에는 항상 미술품이 존재했었다. 하지만 미술품 수집의 의미가 전적으로 '부'를 축적하는 수단이었던 적은 없었다. 미술품에는 한 국가의 역사와 문화, 철학이 담겨 있다. 그래서 국가 간 전쟁이 있을 때 승전국은 패전국을 지배하기 위해 문화와 예술을 말살하는 정책 차원에서 그림을 포함한 예술품을 전리품으로 가져오기도 했다. 이는 정신적인 것을 지배하는 과정이었다.

　　역사적으로 미술품 수집은 더 넓은 계층으로 확산되어 갔다. 왕족

만이 누릴 수 있었던 미술품이 점차 귀족층에게로 확산되고 향유되면서 미술품 수집에 대한 계급의 확산으로 이어졌고 결국 현대 사회로 오면서 미술이 점차 대중화되고 있다. 현재 한국 사회도 미술의 대중화가 되기 시작하면서 많은 사람들이 미술품을 구매하기 시작했으며, 과거 소수만 누리던 문화적 혜택을 이제는 다수가 누릴 수 있게 되었다.

하지만 이런 미술 대중화의 바람은 미술을 오직 자본으로만 보는 사람들을 낳게 되면서 미술시장에 여러 부작용이 나타났다. 갤러리는 작가들을 보호한다는 명분을 내세워 3년에서 5년에 이르는 리세일 금지를 구매조건으로 내세우기 시작했고, 전시 중에도 판매하는 작품의 가격을 전시가의 2배나 3배 정도의 가격에 판매하는 부적절한 행동을 하는 일도 있었다. 또, 마치 그림이 없어서 팔지 못하는 인기 작가처럼 가장하기 위해 일부러 그림을 늦게 내놓는 등 각종 상술이 판치고 있다. 과연 미술시장에 룰이 있는지에 대한 의문을 불러일으킬 만큼 상식에 어긋나는 일들이 곳곳에서 벌어지고 있는 것이다. 그리고 컬렉터들은 작품을 사자마자 차익을 위해 경매에 내던지거나 소장한 작품을 판매하기 위해 가격을 알아보려고 갤러리마다 돌아다니며 시장조사를 하기도 한다. 뿐만 아니라, 위작을 개인거래를 통해 판매하는 등 미술품을 오직 돈 버는 수단으로 삼는 비상식적인 일도 종종 있어 골칫거리가 되고 있다.

이 같은 현상은 미술시장이 급속도로 성장하는 과정에서 발생한 과도기적 상황이라고 볼 수 있다. 물론 자신의 소장품을 미술시장에 파는 일반적인 행위를 잘못된 행동이라고 단정할 수 없다. 또한 재테크 목적만을 가지고 그림을 샀다고 해도 누구도 비방할 자격은 없다.

그렇더라도 아트테크에 있어서 예술이라는 특수성에 대해 고민은 해봐야 한다. 사실, 그림 투자로 수익을 보는 컬렉터들은 상당히 많다. 하지만 모두가 그런 것은 아니다. 특히 최근에는 초보 컬렉터들이 미술시장에 많이 참여하고 있는데, 그들은 단순한 소문으로 작가를 선택하는 경우가 많아 매우 위험한 상황이다. 따라서 컬렉터들은 몇 가지 주의가 필요하다. 먼저 그림을 구입하기 전에 작가의 활동 이력이나 전시 계획, 그림 소장처 등을 충분히 조사해 보고 신중히 판단해야 한다. 무엇보다도 자신이 마음에 드는 작품을 고르는 것이 가장 중요한데, 미술작품의 가장 큰 가치는 작품을 감상하는 데에서 비롯되기 때문이다.

미술시장은 주식이나 부동산에 비해 세금 혜택이 충분히 있어 매력적인 시장이지만, 여전히 소비자 보호에 대한 확실한 보호 장치가 없기에 소문이나 느낌만으로 뛰어들기에는 위험성이 큰 시장이라는 점도 인지해야 한다. 미술시장은 물론, 아트테크 시장이 앞으로 더욱 성장한다는 것은 자명한 사실이지만, 이 역시 리스크가 있기 때문에 신중한 접근이 필요하다. 만약 그림을 사면 가격이 오를 것이라는 막연한 생각으로 무작정 접근할 경우 묻지마 투자가 될 가능성이 높기에 반드시 충분한 시간을 가지고 신중하게 접근하길 권한다.

미술시장의 과도기 속
'딜렉터'

딜렉터는 한국 미술시장이 호황기를 맞으면서 등장한 신조어다. 생소하지만 어쩐지 익숙한 이 단어는 바로 미술품을 판매하는 아트 딜러와 미술품을 수집하는 아트 컬렉터의 합성어다. 딜러면 딜러, 컬렉터면 컬렉터이지 '딜렉터'는 누구이며 이러한 용어가 등장한 이유는 무엇일까?

2021년 한국 미술시장에는 전례 없는 호황으로 인해 미술품 거래 또한 매우 활발했다. 보통 미술품 거래는 갤러리와 개인 간의 거래를 중심으로 일어난다. 그런데 호황기에는 개인과 개인 간 거래 수요가 폭발적으로 증가했다. 이런 상황에서 구하기 힘든 인기 작가의 작품을 갤러리에서 구매한 후 곧바로 높게 형성된 2차 시장 가격에 개인에게 판매해 차익을 얻는 '딜렉터'가 등장한 것이다.

사실 이 정도만 보면 본인의 자본과 노력을 미술품에 투자해 차익을 남겼을 뿐인데 무엇이 문제일까 싶다. 하지만 그들은 미술품을 예술의 가치가 아니라 오로지 경제적 가치로만 보기 때문에, 예술의 가치와 예술가를 보호해야 하는 미술계에서는 이러한 판매 방식을 좋은 시선으로 볼 수 없는 것이다. 그래서 미술계에서는 '딜렉터'들의 거침없는 매매를 막기 위해 일정 기간 미술작품판매를 금지하는 '리세일 금지' 규정을 만들기도 했다. 이를 어길 경우 그 고객은 블랙리스트에 등재해 이후 작품을 구매하지 못하도록 제재를 가하기도 했다.

하지만, 미술작품을 판매하는 것은 소유권의 이동을 의미한다. 개인이 자신의 의사에 따라 재산을 처분하는 것이기에 이러한 제재는 오히려 자신의 권리를 침해당한다는 느낌만 줄 뿐, 사실상 리세일 자체를 법적으로 막을 수는 없다. 그러나 사실 딜렉터라는 신조어가 부정적으로 쓰이는 이유는 매매방식 이상으로 심각한 문제들이 발생했기 때문이다. 예를 들어, 자신의 돈으로 구매한 그림이 아님에도 남의 그림을 마치 자신의 것인 양 속여서 거래하거나, 원하는 작가의 작품을 구해준다며 먼저 돈부터 받고 작품도 구해주지 않고 돈도 돌려주지 않는 경우도 있었다.

급기야 한 온라인 카페에서는 원하는 그림을 구하고 싶어 하는 컬렉터들의 마음을 이용해 돈을 받아 연락을 끊고 잠적하는 일도 발생했다. 이후 잠적한 사람들이 누구인지 밝혀졌지만, 그림은 구하지 못하고 이미 돈은 다 써버려서 법적인 절차를 거치지 않고서는 돈을 돌려받기 힘든 상황이 되어버렸다. 따라서 미술작품을 투자 대상으로만 생각한다면 자칫 딜렉터의 유혹에 빠질지도 모르는 일이다. 더불어 내 취미와 투자가 조화를 이룬다면 안정적으로 투자도 성공할 수 있으며, 딜렉터의 무분별한 행위로 인해 피해를 보는 일도 방지할 수 있을 것이다.

미술시장을
주도하는 사람들

미술시장 속
미술 투자가와 컬렉터의 힘

　　미술시장에는 다양한 목적으로 작품을 사는 사람들이 존
재한다. 보통 미술 컬렉터와 미술 투자자로 나뉘는데, 목적을 어느
쪽에 더 많은 관심을 두느냐에 따라서 이름이 나뉜다. 먼저 미술 컬
렉터는 개인의 취향에 따라 자신이 좋아하는 그림을 구매하는 반
면, 미술 투자자는 그림의 경제적 가치에 초점을 맞추고 작가의 향
후 가치 등을 고려하여 그림을 구매한다.

　　최근 미술시장의 가파른 성장과 함께 미술 투자자들의 수는 기하
급수적으로 증가했으며, 이에 따라 젊은 화가들의 작품 가격도 3배
에서 10배까지 오르는 등 시장 작품 가격에도 큰 변동이 생겼다. 이

255

와 같은 일이 발생한 이유는 미술 투자자들 사이에 엄청난 경쟁의 바람이 불어 작품 가격이 비정상적으로 높아지는 결과를 초래한 것이다. 이러한 시장 과열은 미술시장 전반에 부작용을 초래했고 불균형과 혼란을 가져왔다.

그렇다면 미술 투자 자체가 잘못된 것일까? 결론부터 말하면, 지금까지 미술의 역사와 미술시장을 이끌어 온 것은 컬렉터와 투자자의 자본이라고 볼 수 있다. 그들의 미술에 대한 투자가 많으면 많을수록 예술가들은 경제적으로 얽매이지 않는 자유로운 작업환경을 제공받는다. 또 더 나은 작업환경과 편안한 마음은 완성도 높은 작품으로 이어질 수 있다. 그래서 미술 투자의 활성화는 미술시장의 활성화와 밀접한 관련이 있다.

그러나 국내에서는 여전히 그림을 투자 목적으로 사는 것에 대한 부정적인 시선들이 존재한다. 이는 많은 사람들이 미술시장에 대한 투자를 투기로 혼동하기 때문에 발생하는 문제다. 하지만 최근 들어 미술시장의 문턱이 낮아지면서 이전에는 소극적이었던 미술 투자자들도 적극적으로 나서고 있다. 그들은 그림을 감상하면서 동시에 경제적인 가치 상승을 느낄 수 있는 '미술 투자'라는 지적인 취미 활동을 즐기고 있는 것이다. 이는 주식투자나 부동산 투자와는 다르게, 정신적인 감성 공유와 함께 경제적인 이익을 얻을 수 있다는 점에서 더욱 매력적인 선택이 될 수 있다.

그렇다면 미술 투자자의 입장에서 안정적이고 견고한 작품을 구매하기 위해 어떻게 해야 할까? 우선 미술시장의 유행에 따라 작품을 선택하는 것을 조심해야 한다. 작품을 구매할 때는 화가의 잠재적 가치와 성실성, 작품을 소장하고 있는 기관이나 해외에서의 평가 등에 대한 정보를 충분히 파악하고 공부하는 것이 중요하다. 또한, 가능하다면 다른 미술 투자자들과 소통하는 것도 큰 도움이 될 수 있다. 목적이 '투자'에 집중되어 있다면 갤러리와 자주 소통하며, 미술 전문지와 칼럼 등을 통해 빠르게 정보를 습득하는 것도 중요하다.

현대미술시장에서는 다양한 경로, 즉 경매, 화랑, 아트페어 등을 통해 미술 투자를 할 수 있다. 미술 투자의 가장 큰 매력은 비과세로 투자할 수 있다는 점이다. 물론 상속세와 증여세를 부과하는 제도가 있지만, 부동산이나 주식에 비하면 그 금액은 거의 없다고 할 정도로 미미하다.

미술 투자자들과 컬렉터는 미술시장을 움직이는 주요한 힘이 되기도 한다. 따라서 미술 투자가 활성화된다면 더 많은 유명 작가를 탄생시킬 수 있는 발판이 될 수 있으며, 이는 결국 국가의 문화 수준 향상에도 크게 기여할 수 있다.

아트 딜러의 역할과 사명감

> "어떤 아름다운 여성조차 볼라르보다
> 더 많이 모델이 된 사람은 없다"

파블로 피카소(Pablo Picasso)의 말이다. 앙브루아즈 볼라르(Ambroise Vollard). 그녀는 피에르 오귀스트 르누아르(Pierre-Auguste Renoir), 폴 세잔(Paul Cézanne), 파블로 피카소 등 세계적인 화가의 모델이 되었던 사람이다. 그녀가 누구였기에 세계적인 화가들이 그녀를 그리게 되었을까?

볼라르는 아트 딜러, 즉 화상(畫商)이었다. 당시 유명한 화가들이 그녀를 모델로 작품을 그렸던 이유는 볼라르가 화가들 사이에서 큰 영향력을 지니고 있었기 때문이다. 그녀는 미술가들이 유명해지기 전에 그들의 작품을 구매하고, 유명해진 후에는 작품을 팔아 이익을 얻는 등 아트 딜러로서 뛰어난 능력을 보였다. 또한, 그녀는 당시 많은 미술가들을 후원했기 때문에 화가들의 사랑을 받았다.

볼라르는 1893년에 파리 중심가에 갤러리를 개관했고 거기서 피카소와 마티스(Henri Matisse)가 첫 개인전을 열었다. 당시에는 세잔, 피카소, 반 고흐(Vincent van Gogh), 고갱(Paul Gauguin) 등의 작품이 전위적이라는 이유로 대중적인 인기를 얻지 못했지만, 그녀는 이들이 소질이 있다는 것을 알아채고 후원했다. 볼라르는 작가들에게 아트 딜러 이상, 즉 작가들이 '세상과 소통하는 문'의 역할을 했던 것이다.

대개 훌륭한 화가 뒤에는 훌륭한 아트 딜러가 존재한다. 화가들은 작업실에 묻혀 자신의 작업에만 몰두하기 때문에 스스로의 힘으로 대중의 인기를 얻기란 쉽지 않은 일이다. 아트 딜러는 작가들의 작품을 세상에 보여주고 판매하여, 그 작품이 대중에게 알려지고 빛을 발할 수 있도록 한다.

오늘날 아트 딜러의 역할은 매우 넓어졌다. 그들은 아직 세상에 알려지지 않은 좋은 작품들을 발굴하고, 그 작품들이 제대로 평가받을 수 있도록 세상에 내놓는다. 일부 수퍼 딜러들은 미술시장의 공급과 통제 능력까지 갖추고 있어서 사실상 미술시장의 중심 역할을 하고 있다고도 볼 수 있다.

아트 딜러는 단순한 딜러가 아니다. 전문성이 필요하다. 미술사와 미술시장에 대한 지식과 훌륭한 작품을 인식할 수 있는 안목은 필수다. 또한 작품판매에 대한 노하우와 작품에 대한 정보, 컬렉터의 취향 및 현재 미술시장의 위치 등을 분석할 수 있는 냉철한 판단력도 필요하다. 또, 아트 딜러는 자체적인 자신의 활동과 경영이 미술계에 미칠 수 있는 영향을 고려하는 거시적인 안목도 가지고 있어야 한다.

세잔과 피카소 뒤에는 볼라르가, 입체파 화가들의 뒤에는 칸바일러(Daniel-Henry Kahnweiler)가 있었으며, 미국 현대미술 뒤에는 리오 카스텔리(Leo Castelli)가 있었다. 아트 딜러들은 현대미술계를 디자인하며 앞으로의 미술 발전에 주춧돌의 역할을 할 것이다. 이것이 아트 딜러의 소명이자 사명감이다.

아트테크로 나만의
작은 미술 공간 만들기

'아트테크'로 만드는
나만의 세상

2014년 서울옥션에서 박수근 화백의 〈여인〉이라는 2호 크기의 소품이 6억 2,000만 원에 낙찰되었다. 이후 2018년 케이옥션에서 이 작품은 다시 45억 원에 팔려 무려 7.5배의 가격 상승을 이루어 냈다. 겨우 손바닥만 한 작품 한 점을 사고팔았을 뿐인데, 4년 만에 30억 원의 경제적 가치를 창출했다고 생각하면 마치 다른 세상의 이야기인 듯 느껴진다.

현재 한국의 미술은 'K-ART'로 불리며 전 세계적인 주목을 받고 있다. 또, 저스틴 팀버레이크, BTS의 RM, G-DRAGON 등의 세계적인 셀럽들이 어떤 그림을 모으는지 알려지면서 미술에 대한 관심 또한 더욱 높아졌다. 사실상 세계 2차 대전의 냉전 시대와 함께 정치와 경제 발전이 중심이었던 시대는 끝났다고 볼 수 있다. 21세기는 문화예술이 중심이 되는 시대다. 자국의 문화예술을 세계적으로 널리 알리는 나라일수록 글로벌한 영향력도 커진다. 각 개인 역시 문화와 예술을 빼놓고서는 생각할 수 없는 시대가 되었다. 즉, 현대인에게 미술은 일상과 함께한다는 인식으로 자리 잡았다. 이러한 변화는 곧 미술시장의 활성화를 가져왔으며, 미술품 투자에 대한 인식도 대중화되었다.

미술작품의 가치는 작가와 작품마다 다르게 결정된다. 그래서 만약 투자의 관점에서 미술품을 수집한다면 미적 효용을 제공하는 '특수성'과 시간이 지나면서 일정한 수익률을 기대할 수 있는 '경제적 효용 가치'를 함께 갖춘 작품을 구매해야 한다. 작품을 구매하기 전에 알아야 할 중요한 사항이 많지만, 초보 컬렉터를 위해 네 가지 주요 포인트를 짚어보고자 한다.

작품구매 주요 포인트

먼저 화가와 작품에 대한 철저한 조사가 필요하다. 모든 화가는 전성기가 있으며, 전성기에 해당하는 작품들이 주로 높은 가치로 평가된다. 또, 작품의 소장처는 어디였는지, 전에 누구와 전시했는지도 중요하다. 특히 작품의 소장처는 매우 중요하며 쉽진 않겠지만, 어떤 컬렉터들이 소장하고 있었는지도 알 수 있다면 더욱 좋다. 주로 비슷한 밸류의 화가들이 모여 전시를 진행하기 때문에 다른 화가들과의 비교를 통해서도 어느 정도의 가치인지 짐작해 볼 수 있다.

화가를 후원하는 주체도 중요한 요소다. 예를 들어, 대기업과 개인 후원의 차이를 고려해 본다면 어디에서 후원을 받느냐에 따라 작가의 성장 속도와 미래를 예측할 수 있기 때문이다. 화가와 작품을 바라보는 아트저널이나 매체도 큰 영향을 미친다. 주식투자와 마찬가지로, 작품을 소장하기 전에는 충분한 리서치가 필요하기에 다양한 정보를 접하는 것이 좋다. 만약 작품의 소장처가 명확하지 않거나 정보가 부족하다면 화가의 향후 굵직한 전시가 예정되어 있는지 등을 알아보는 것도 좋은 방법이다.

국내 화가의 경우 화가가 갤러리에 소속되어 있는 경우는 많지 않다. 만약 화가가 갤러리와 전속계약을 맺고 호흡을 맞추고 있다면 화가의 미래를 긍정적으로 볼 수 있다. 이런 경우 화가와 갤러리는 시너지 효과를 발휘하며 화가의 성장에 큰 도움이 된다. 전속작가라면 전속 갤러리가 어디인지 알아보고, 그 갤러리의 활동 이력과 작품의 경향과 레벨이 대중에게 어떻게 인식되고 있는지도 살펴보는 것이 좋다.

둘째, 작품의 '희소성'을 중요시해야 한다. 박수근 화백의 경우 1978년 작품가가 호당 가격(1호는 A4 반절 크기)이 100만 원이었던 작품이 현재는 3억 원을 넘어서며, 단연 우리나라 최고의 작가로 인정받고 있다. 흔히 말하는 달나라의 작품가로 구하기조차 쉽지 않다.

이처럼 박수근의 작품이 시간이 흐를수록 가치가 오르는 이유는 무엇일까? 바로 작품의 '희소성' 때문이다. 오래된 컬렉터일수록 세상에 단 하나뿐인 작품을 혼자만 소유하고 싶어 하는 강한 욕구가 있다. 사실 피카소의 작품이 비싼 이유도 경제적 관점에서 수요-공급 법칙이 작용한 것으로 '희소성'이 핵심 원인이다.

셋째, 작품의 크기와 보관 상태를 반드시 체크해야 한다. 작품은 작은 사이즈보다 큰 사이즈일수록 가격이 높아지며, 이는 전 세계에서 가장 유명한 화가에게도 해당된다. 일반적으로 호수별로 1.2배에서 3배까지 가격이 오를 수 있다. 물론 간혹 유명 화가의 소품 가격이 2차 시장에 나왔을 경우 호당 가격과 상관없이 높은 작품가를 찍기도 한다. 이는 사이즈의 관점이 아니라 '희소성'의 관점에서 높은 평가를 받은 것이다.

또한, 작품 보관 상태를 꼭 체크해야 한다. 작품에 갈라짐이 있거나 변색이 된 부분은 없는지, 이물질이 묻어 있는지 등이다. 만약 보관 상태가 엉망이라면 좋은 가격을 책정받기 힘들며, 아무리 좋은 작품이라도 작품가는 낮아진다. 반대로 액자를 열어 제거할 수 있거나 액자 집에서 가벼운 클리닝을 통해 처리할 수 있는 이물질의 경우에는 오히려 낮은 가격에 사서, 높은 가치를 창출할 수도 있다. 단 이를 알아보는 안목이 있어야 가능하다.

마지막으로 그림에 대한 열정과 애정으로 '내가 좋아하는 그림'을 찾아야 한다. 검증되지 않은 정보에 의지해 작품을 구매했다가는 큰 낭패를 볼 수 있다. 우리가 우리의 미래를 알 수 없듯이 화가의 미래도 알 수 없다. 물론 여러 가지 통계로 미래에 대한 확률을 높일 수는 있지만, 갑자기 찾아온 화가의 죽음이나 어떤 스캔들에 휘말려 하루아침에 그간 쌓아온 이력들이 물거품이 된 화가들의 사례가 종종 현실이 되기도 한다. 그렇기 때문에 단순한 투자 정보만으로 그림을 산다면 낭패를 보기 십상이다.

그림을 선택할 때는 수많은 검증된 정보를 토대로 내가 좋아하는 풍의 그림인지, 그 그림이 내게 주는 것들은 무엇인지 생각해 봐야 한다. 그렇게 선택한 그림이 결국 큰 부가가치를 안겨줄 수 있다.

그렇다면 '아트테크'를 위한 '나만의 그림'은 어디에서 구매해야 할까?

보통 갤러리나 옥션, 아트페어를 통해 구매할 수 있다. 갤러리에서 구매한다면 그 화가에 대한 최신 정보나 활동 계획, 작품스타일 등에 대한 피드백을 충분히 받을 수 있다. 또한 가격 상담과 향후 전시 정보를 전달받을 수 있어 편리하다.

옥션에서 구입할 경우 경매에 출품되는 작품을 미리 확인할 수 있으며, 메이저 경매, 프리미엄 경매, 위클리 경매 등으로 분류되어 있으므로 자신이 원하는 곳에 응찰해 구매할 수 있다. 경매시장에서는 과거 경매의 낙찰 결과와 기록을 통해 화가의 작품 상승세를 예측할 수 있어 시행착오를 줄일 수도 있다. 하지만, 이미 응찰한 후에는 높은 패널티로 인해 구매를 취소하기 힘들기 때문에 반드시 신중하게 응찰해야 한다.

아트페어에서도 미술품을 구매할 수 있다. 예전에는 아트페어에 참여하는 화랑들은 주최 측의 까다로운 심사를 거쳐야 했기에 작품에 대한 신뢰도가 높았다. 그러나 2018년 이후, 많은 수의 새로운 아트페어들이 생기기 시작하면서 참여하는 모든 갤러리의 검증이 어려워졌다. 컬렉터들은 이러한 점 역시 감안해야 한다.

아트페어는 거의 일주일간 진행된다. 그래서 마감일까지 작품을 선택하고 결정할 시간을 벌 수 있다. 미술시장이 호황을 맞을 때는 프리뷰나 VIP 오프닝인 첫날에 가야 겨우 작품을 구매할 수 있지만 보통은 특수한 몇 명의 유명 화가를 제외하면 생각할 시간이 충분하다. 또, 갤러리들이 가져온 작품들을 한곳에서 볼 수 있어 작품을 충분히 비교해 보고 결정을 내릴 수 있다. 만약 같은 화가의 작품을 여러 갤러리에서 들고 나왔을 경우 작품가의 조정이 어느 정도 가능하다는 것도 구매자의 입장에서는 큰 장점이다. 단, 화가의 신뢰성과 작품의 상태는 출품 화랑에 따라 다를 수 있으므로 꼼꼼하게 살펴보고 충분히 알아본 후 결정해야 한다.

이 같은 정보를 바탕으로 아트 컬렉터로서 첫걸음을 내딛는다면 만족할 만한 결과를 얻을 수 있을 것으로 생각된다. 물론 정보를 수집하거나 시야를 넓히기 위해서는 시간이 필요하지만, 비싼 미술품의 가격을 고려한다면 신중하게 구매하는 것은 당연한 일이다. '아트테크'는 결코 만만하지 않다. 반드시 충분한 시간을 두고 도전해 보길 바란다.

소액으로
유명 작품 소장하는 법

아트 컬렉터로 입문하는 사람들에게 귀감이 될만한 컬렉터로는 루벨(Rubell) 부부를 꼽을 수 있다. 루벨 부부는 평생 자신들이 수집한 미술품으로 루벨 패밀리 컬렉션(Rubell Familly Collection)을 만들었는데 2019년에는 마이애미에, 2022년에는 워싱턴 D.C에 루벨 미술관을 개관했다. 루벨 부부가 컬렉터로서 많은 이들에게 모범이 되는 이유는 바로 미술품을 수집하면서 처음부터 막대한 자본을 투자하지 않았기 때문이다. 평범한 경제적 환경임에도 불구하고 그들은 미술에 대한 사랑으로 소액을 투자해 긴 시간 동안 꾸준히 좋은 작품을 수집했고, 적은 예산에 맞춰 신진작가들의 작품을 중심으로 컬렉션을 꾸려나갔다.

당시 루벨 부부가 수집한 장 미쉘 바스키아(Jean Michel Basquiat), 제프 쿤스(Jeff Koons, Jeffrey Koons), 키스 해링(Keith Haring)은 신진작가였고, 그들의 작품은 현재는 상상을 초월할 정도로 높은 가격에 거래되고 있다. 루벨 부부가 컬렉터로서 성공할 수 있었던 데에는 적은 예산 내에서 최고의 작품을 사들이는 안목과 열정, 그리고 미술에 대한 사랑이 있었기 때문이다. 이처럼 비싸고 유명한 작품을 수집해야 좋은 컬렉터가 되는 것은 아니며, 미학적 통찰력과 안목이 있으면 소액으로 수집한 작품도 훗날 더 큰 가치를 발할 수 있다는 것이다.

사실 미술작품을 소장하다 보면 유명 작가의 작품을 소장하고 싶은 욕구가 생기게 된다. 이 욕구는 그림에 대한 안목이 높아질수록 미술지식이 확장될수록 점점 강해진다. 미술에 대한 문외한인 사람들은 이를 허영심으로 볼 수도 있지만, 이러한 욕심은 컬렉팅을 하는 사람이라면 가질 수 있는 당연한 소유욕이다.

초보 컬렉터는 보통 아직 유명 작가의 대열에 합류하지 못한 화가들의 작품을 소장하고 있는 경우가 많다. 만약 초보 컬렉터가 일반 대중들에게도 잘 알려진 이우환이나 박서보 같은 화가의 작품을 한 점이라도 소장하게 된다면 그들은 자신의 컬렉션에 대한 큰 자부심을 느끼게 된다. 하지만 유명 화가의 작품은 희귀성으로 인해 작품가가 매우 비싸며, 호당 몇백만 원씩 하는 중견 화가들도 매우 많기 때문에 유명 작가의 작품을 소장하는 일이 그렇게 호락호락하지만은 않다.

특히 이미 유명한 거장의 작품들은 시간이 지날수록 오르는 가격 폭이 높아지기 때문에 조금 더 일찍 컬렉팅을 시작하지 않은 자신을 후회하기도 하고, 너무 비싸진 그림값이 조금은 원망스럽기도 하다. 또한, 컬렉팅을 하면서 자신의 경제력을 실감하는 경우도 종종 생길 수 있다.

그렇다고 작품가에 치여 지레 겁을 먹거나 포기할 필요는 없다. 때로는 이러한 유명 화가들의 작품도 재료에 따라 생각보다 저렴한 경우가 있다. 일반적으로는 유화 작품이 가장 비싸며 드로잉이나 매직, 크레용 등을 사용한 작품은 유화 작품에 비해 매우 저렴한 편이다.

예를 들어, 한국 근대화가로 유명한 장욱진의 경우 유화 작품은 1억 원인 반면, 매직펜 작품은 십분의 일 가격인 1,000만 원 정도에서 가격대가 형성된다. 장욱진의 작품은 많기 때문에 화랑이나 경매에도 많이 나온다. 그의 수묵화 작품 역시 매직펜 작품과 비슷한 가격대이므로 이를 구매하는 것도 괜찮다. 수묵화는 김환기의 작품에도 많이 있다. 또, 천경자의 작품에서도 채색화가 유화에 비해 매우 저렴한 편이라 유화 작품을 구매하기가 부담스럽다면 채색화 작품을 선택해 보는 것도 좋은 방법이다. 이우환의 경우도 마찬가지다. 유화 작품이 가장 비싸며 수채화는 유화보다 훨씬 싸고, 종이에 과슈나 드로잉 작품은 유화에 비해 십 분의 일 정도의 가격대다. 또한 판화는 더욱 저렴한 가격에 구매할 수 있다. 거장의 경우 판화 작품 역시 구하기 어렵기 때문에 소장가치가 충분하다. 물론 앞서 언급한 방법들이 마땅치 않다면 좀 더 기다려 보는 것도 좋은 선택지다.

만약 유명 화가의 작품을 소장하고자 할 때, 또 하나 중요한 포인트가 있는데 바로 부지런함이다. 유명 화가의 작품은 수많은 컬렉터가 소장을 원하기 때문에 대개 품귀 현상이 일어나 작품을 구하기가 쉽지 않다는 단점이 있다. 그래서 이러한 작품을 구매하고자 맘먹었다면 그때부터는 꾸준한 체크가 필요하다. 여러 갤러리에서 유명 화가의 작품을 취급하는 경우 그들과 친분을 쌓아놓고 내가 원하는 작품에 대해 미리 말을 해두거나 경매 정보 및 갤러리에서 작품판매리스트를 수시로 받아보는 열정도 필요하다.

또한 미술잡지나 책을 꾸준히 보고 공부를 하면서 작품에 대한 이해도를 높여야 한다. 예를 들어, 김창열의 작품은 배경이 무엇인지에 따라 가격이 달라지기도 하는데, 배경이 훈민정음, 아무것도 없는 배경, 한자 배경, 신문지, 나뭇잎 위에 그린 그림 순으로 비싸다. 이러한 정보는 화가들에 대한 공부를 통해서만 알 수 있는 정보들이다. 미술 정보들을 받아보고 꾸준히 공부를 한다면 향후 작품 컬렉팅에도 큰 도움이 될 것이다.

그리고 작품을 구매할 때 반드시 보증서를 받아야 한다. 요즘에도 종종 위작들이 시장에 나오고 있는데, 국내 위작 제조업자들이 국내에서 활동하기 어려워져서 위작을 팔아도 법적으로 문제가 생기지 않는 미국의 인터넷 경매 회사나 한국 소규모 경매 회사로 판매되고 있다는 이야기가 있다. 따라서 유명 작품일수록 믿을만한 갤러리나 큰 경매 회사를 통해 구매하는 것이 좋으며, 작품이 진품임을 보증하는 보증서를 받는 것이 필수다. 보증서가 있으면 훗날 작품에 문제가 생겨도 갤러리에서 책임을 지기 때문이다.

또, 기왕 유명 화가의 작품을 소장하기로 마음먹었다면 조급해하지 말고 좋은 가격에 원하는 작품이 나올 때까지 인내심을 가지고 기다리자. 만약 무리해서 작품을 구매한 경우 그 작품을 봤을 때 행복하지 않은 경우가 더러 있다. 작품값이 너무 비싸거나 오랜 기다림에도 원하는 좋은 작품을 만나지 못한다면 현재에는 인연이 없다고 생각하고 훗날을 기약하는 것도 나쁘지 않다.

무리해서 작품을 구매하거나 작품과의 인연을 억지로 만들려고 한다면 작품을 찾는 과정에서 위작을 만날 가능성도 있으며, 너무 많은 돈을 지불할 수도 있다는 점을 명심하자. 편안한 마음으로 작품을 구매하는 것이 올바른 선택지로 향하는 첫걸음이다.

아트 컬렉터의 주 무대는?
아트페어와 갤러리, 그리고 경매

일반인이 백화점을 둘러보고 쇼핑을 하듯, 컬렉터가 이곳 저곳 둘러보며 마음에 드는 그림을 살 수 있는 미술시장이 있다. 바로 아트페어다. 아트페어는 수십여 개의 갤러리들이 모여 그림을 사고파는 미술시장을 말한다. 국내외에는 매우 많은 아트페어가 있으며, 미술이 대중화되면서 화가들이 모여 만든 아트페어, 동물 아트페어, 지역 아트페어 등 다양한 아트페어가 생겨났다.

아트페어는 특정 장소에서 일정 기간 세계 각국 혹은 국내의 갤러리 등 협회가 정한 기준에 따라 다양한 갤러리들이 모여 만들어진다. 이곳에서는 낮은 가격부터 고가의 미술품까지 다양하고 많은 작품을 한자리에서 볼 수 있는 것이 가장 큰 장점이다. 또한 많은 갤러리가 모여 자연스럽게 경쟁하다 보니 컬렉터 입장에서는 조금 더 할인된 가격에 그림을 구매할 수도 있으며, 한 작가의 작품을 여러 갤러리에서 가지고 나오기 때문에 내가 원하는 작가의 그림을 비교

271

해 본 후 원하는 작품을 구매할 수 있는 것도 큰 매력이다. 이렇게 아트페어는 입장권만 있으면 누구나 갈 수 있기 때문에 사실상 아트페어가 미술시장의 문턱을 낮췄다고도 말할 수 있다.

그런데 간혹 음성적으로 미술품 거래를 하는 갤러리도 있으며, 작품 가격에 대한 공신력의 부재와 인기 작가 위주의 편중된 전시 현상은 미술시장의 질을 떨어뜨리기도 한다. 물론 아트페어 주최 측에서는 최대한 질 높은 작품을 선보이기 위해 기획안을 모색하거나 멋진 행사로 만들기 위해 노력하지만, 갤러리 하나하나의 거래방식까지 속속들이 알기란 사실상 불가능하다.

그래서 흔히 발생하는 일 중 하나로 누군가는 좋은 가격에 좋은 작품을 소장하게 되는 반면, 누군가는 터무니없이 비싼 가격에 작품을 구입하는 일이 발생하는 것이다. 그렇기 때문에 아트페어에서 그림을 구매하려는 사람은 사전에 내가 사고 싶은 그림이나 작가에 대해 충분히 공부하고 알아볼 필요가 있다. 준비 없이 아트페어에 가서 마음에 드는 그림이 나타났다고 덥석 그림을 샀다가는 적정한 작품 가격보다 훨씬 웃도는 금액을 지불하는 불상사도 발생할 수 있다. 또, 충동구매를 했을 경우 미술품은 다른 상품과는 달리 환불하기가 쉽지 않다는 점도 분명히 알고 있어야 한다.

이러한 부분만 잘 숙지하고 아트페어를 방문한다면 아트페어는 그야말로 다양한 작품을 마음껏 감상할 수 있는 미술축제일뿐만 아니라, 좋은 가격에 좋은 작품을 소장할 기회이기도 하다.

아트페어가 열리는 기간이 아니면 컬렉터들은 갤러리와 경매를 통해 미술품을 알아보고 수집한다. 갤러리는 신진 화가를 발굴해 작품을 전시하면서 홍보하고 컬렉터들이 작품을 잘 구매할 수 있도록 중간 매개체로서의 역할을 한다. 컬렉터들은 갤러리와의 우호적인 관계를 유지하면서 자신이 원하는 작품을 구하곤 하는데, 좋은 갤러리를 선별하는 것도 컬렉터에게 있어서는 중요한 일이다.

좋은 갤러리는 우선 꾸준히 좋은 화가를 발굴하고, 그 화가와 오랜 기간 관계를 유지해야 한다. 좋은 화가는 신진작가일 수도 있고 오랜 기간 작업을 했지만, 세상에 빛을 발하지 못했던 예술가일 수도 있다. 갤러리는 이러한 예술가들을 발굴하고 관리하면서 각종 전시회를 기획하고, 전시회를 통해 화가를 홍보하고 화가의 작품을 판매해 준다. 컬렉터들은 화가가 작품 활동에 매진할 수 있도록 전시회의 기획부터 판매, 홍보 등을 충실히 하는 갤러리를 신뢰한다.

갤러리는 무조건 크다고 해서 좋은 갤러리라고 단정할 수 없고, 신진 갤러리라고 해서 무시해서도 안 된다. 특히 신진 갤러리는 작품판매나 전시 이력이 많지 않기 때문에 신진작가 발굴에 더 적극적이고 열정적이기 때문에, 신진 갤러리에서 숨은 보석을 찾는 경우도 종종 있다. 따라서 많은 갤러리들을 방문하다 보면 나에게 잘 맞는 좋은 갤러리를 만날 수 있을 것이다.

아트 컬렉터의 주 무대로 경매도 빼놓을 수 없다. 경매는 많은 초보 컬렉터가 가장 손쉽게 접근할 수 있는 미술시장이기도 하다. 작품가가 공개되는 경매의 특성상 보통 초보 컬렉터들은 경매에 나온 작품의 낙찰가가 전시가라고 여긴다. 하지만 그렇지 않다. 인기가 있는 작품은 전시가보다 더 높은 가격에 낙찰이 되고, 인기가 없는 작품은 전시가 아래로 낙찰이 되기도 한다. 또 경매가가 결정되는 데에는 운도 어느 정도 작용을 하기 때문에 이를 작품의 가격으로 착각해서는 안 된다.

경매 회사로는 현재 한국에서는 '서울옥션'과 '케이옥션'이 가장 유명하고, 외국 경매 회사로는 '소더비', '크리스티', '필립스'가 대표적인 경매 회사라고 할 수 있다.

따라서 이들 경매 회사 홈페이지에 들어가 어떤 작품들이 나오는지, 또 어떤 작품이 얼마에 낙찰되는지 등을 시간을 두고 관찰하는 것도 합리적인 컬렉팅에 도움이 된다. 괜찮은 작품이 나왔다고 덜컥 경매에 나서기보다는 눈으로 직접 미술시장이 돌아가는 상황을 어느 정도 살펴봐야 후회 없는 컬렉팅을 할 수 있다.

또 경매 회사는 경매만 진행하는 것이 아니라, 경매 전 일정 기간 동안 경매에 나올 작품의 전시도 진행하기에 이곳을 방문해 보는 것도 좋은 방법이다. 본격적인 경매 전 컬렉터들이 작품을 보고 고민할 수 있는 시간을 가질 수 있도록 많은 경매 회사가 프리뷰 전시를 진행한다. 전시를 둘러보면서 내가 선택한 작품이 상태는 어떤지, 실제로 보고도 내 마음에 드는지 등을 확인하고 경매에 응찰해야 자신이 선택한 작품에 후회가 없기 때문에 반드시 전시를 보라고 권하고 싶다.

미술작품과 세금

미술품과 상속세

상속세를 문화재나 미술품으로 대신 납부하는 방법은 없을까?

2020년 가을, 국내 재벌 기업인 삼성그룹의 이건희 회장이 별세하면서 상속세로 무려 11조 366억 원을 납부해야 한다는 뉴스가 대대적으로 보도되었다. 엄청난 관심 속에서 여러 가지 소문이 돌면서 재벌 기업의 상속세 납부 문제는 당시 국내 가장 큰 이슈 중 하나가 되었다. 이 소식은 故 이건희 회장이 소장했던 예술작품을 판매하여 상속세를 납부할 예정이라는 소문으로 인해 한국 미술계를 흔들기에 충분했다.

한국 미술계가 노심초사했던 가장 큰 이유는 컬렉션 중 일부인 국내 문화재가 해외로 반출되는 것에 대한 우려였다. 국내 미술계의 주요 협회들과 전 문화체육부 장관 등이 대국민 건의문을 발표하며, 미술계는 '물납제' 도입 문제를 제기하면서 나라는 한바탕 떠들썩해졌다. 미술계는 물납제와 관련된 세미나를 주최했고 많은 전문가가 모여 의견을 나누었다. 더 나아가 미술계는 물납제 도입을 위한 상속세 및 증여세법 개정안 마련이라는 입법의 움직임도 보였다.

원래 기본적으로 조세는 금전으로 납부하는 것이 원칙이다. 하지만 상속세는 증여재산의 비중이나 금액에 따라 법령의 요건들을 충족한다면 부동산이나 주식 같은 유가증권으로 대신 납부할 수 있다. 이에 더해 물납이 가능한 항목으로 조각, 사진, 공예품 및 미술품과 국보나 보물 등의 문화재까지 포함하자는 것이 이건희 회장 사망 후 발생한 이슈의 핵심이었다.

세계 유수의 박물관과 유서 깊은 컬렉션을 살펴보면 대부분 물납제로 인해 형성되었다고 볼 수 있다. 미국의 경우 국공립 박물관과 미술관에 예술품을 기부하면 엄청난 세금 면제 혜택이 따른다. 그래서 대부분의 미국 부호들은 자신이 모은 예술품을 나라에 기부한다는 것이 헛말은 아니다. 그들이 행한 물납제 덕분에 미국은 역사가 짧은 나라임에도 불구하고 '현대미술의 메카'로 자리 잡을 수 있었던 것이다.

예술을 사랑한다면 꼭 방문해야 할 나라 중 하나인 프랑스도 마찬가지다. 프랑스는 매년 국가에서 우리 돈 2,000억 원에 해당하는 수집품을 확보하는데, 세계적으로 유명한 '피카소 미술관'도 피카소가 예술품을 국가에 기부하는 물납제를 통해 탄생했다. 영국의 대표 미술관인 '내셔널 갤러리'도 물납제를 통해 유럽 최고의 미술관 중 하나로 거듭날 수 있었다.

이런 세계적 추세에도 불구하고 국내에서 물납제를 시행하는 것은 쉬운 일이 아니다. 만약 물납제를 시행한다면 현금 납부가 가능한 상황에서 미술품으로 세금을 대신 납부해 탈세로 활용될 수 있다는 우려의 목소리가 있기 때문이다. 또한, 이러한 제도는 일반 시민들에게는 해당되지 않는 재벌들만을 위한 특혜라며 비난하는 목소리도 있었다. 그러나 삼성 일가는 결국 국가에 문화재를 포함한 미술품 2만 3,000점을 기증했다. 이는 우리나라 역사상 최대 규모의 문화재 및 미술품 기증 사례로 꼽힌다. 이 기증은 규모뿐 아니라, 미술사적 가치와 경제적 가치 면에서도 큰 반향을 일으키며 '세기의 기증'이라는 닉네임을 얻게 되었다. 이건희 컬렉션은 국립중앙박물관을 비롯해 국립현대미술관, 광주시립미술관, 전남도립미술관, 대구 미술관으로 나눠서 기증되었으며 국내 곳곳에서 전시가 열렸다.

위 물납제는 여러 긍정적인 효과를 가져왔다. 그중에서도 가장 큰 효과는 공공유산으로 역사적 문화적 가치가 높은 문화재와 예술품이 해외로 유출되는 것을 막았다는 것이다. 또한 국공립 박물관과 미술관에서도 재정적인 어려움 없이 대중이 즐길 수 있는 다양한 문화유산을 소장하게 되었다. 이처럼 물납제는 귀하고 소중한 문화유산을 시민 모두가 향유할 수 있다는 점에서 그 가치가 세금과는 비교가 되지 않게 크다고 할 수 있다. 나아가 국내 문화예술에 대한 수준을 높일 수 있는 좋은 기회가 되었다.

미술품에는
정말 세금이 없을까?

　최근 미술품이 안전자산으로 떠오르면서 미술품 투자에 대한 관심이 많아졌다. 아트테크라는 말은 이미 우리에게 익숙한 말이 되었으며, "명품백을 사느니 미술품을 사는 것이 낫다", "주식을 판 돈으로 미술품을 사는 사람이 많아졌다"는 등의 말이 들린다. 하지만 미술품 투자가 인기가 있는 가장 큰 이유는 바로 "미술품을 사고파는 데는 세금을 내지 않는다"라는 말 때문이다. 물론 한편에서는 미술품도 세금을 내야 한다고 말하는 사람들도 있어 정말 어떤 말이 맞으며, 만약 미술품 투자를 했다가 세금폭탄이라도 맞으면 어떡할까에 대한 불안감으로 미술 투자를 하지 못하는 사람들도 많다. 정말 미술품을 사고팔 때, 세금을 내지 않아도 되는 걸까? 만약 세금을 내야 한다면 언제 내야 하며, 언제 비과세가 되는지 미술품 세금에 대해 명확하게 아는 사람들은 여전히 소수라 주위에 물어보기도 애매하다. 도대체 세금은 언제 내야 하며, 언제 비과세가 되는 걸까?

만약 아파트를 산다고 가정했을 때, 아파트는 살 때 취득세가 발생한다. 그리고 보유할 때 발생하는 보유세와 재산세를 비롯해서 종부세(종합부동산세)까지 내야 할 세금이 한두 가지가 아니다. 하지만 미술품은 구매 시 취득세가 없으며, 내 것이 되었다고 해서 보유세가 발생하지 않는다.

그럼 아파트와 미술품을 팔 때는 어떻게 다를까?

현재 아파트를 팔 경우, 1세대 1주택은 비과세가 되지만 9억 원까지이며 9억 원이 넘는 집을 판매했을 때에는 양도차익에 관한 세금이 과세된다. 1세대 다주택자의 경우에는 양도세가 중과된다. 단기 거래 역시 번 소득의 대부분을 양도세로 낸다고 해도 과언이 아닐 정도의 엄청난 세금을 내야 한다. 하지만 미술품을 팔 때 그림 한 점당 6,000만 원 미만의 작품은 비과세이며, 만약 국내 생존 작가라면 금액에 상관없이 비과세다. 조각의 경우에는 금액과 생존여부에 상관없이 모두 비과세다. 양도차익이 매우 큰 경우에도 상관없다. 예를 들어, 한국 3대 단색화가 이우환, 박서보, 하종현의 경우 작품가가 억대부터 수십억 원대로 엄청나다. 만약 이 작품들을 소장했다가 판매해서 큰 양도차익을 얻었을 경우에도 국내 생존 작가라는 조건에 해당되므로 비과세다. 하지만 이는 국내 작가들에게만 해당되는 말이며 해외 작가는 해당되지 않는다. 물론 국내 작가의 경우에도 작고 작가의 경우에는 양도차액에 관한 세금이 발생한다. 하지만 미술품 투자는 부동산 투자와는 다르다. 부동산 투자의 경우

'양도소득세', 즉, 부동산을 매각한 가격에서 취득가액과 필요경비를 뺀 것에 대한 세금을 내야 한다. 하지만 미술품은 '양도소득세'가 아닌 기타소득세를 내야 한다. 원래는 미술품을 반복적으로 사고파는 것은 엄연히 사업소득으로 과세를 했고, 어쩌다 가지고 있던 미술품 한 점을 판매했을 경우에만 기타소득세에 해당이 되었다. 하지만 이로 인해 미술품 판매를 둘러싼 분쟁과 소송들이 많아지자, 기획재정부에서 2020년 법을 개정해 2021년 1월 1일부로 기타소득세로 통합하게 되었다. 따라서 미술품에 관련된 세금이 더욱 유리하게 되었다. 개인이 만약 1억짜리 작품을 거래할 경우, 입증할 서류만 있다면 양도차익의 최대 90퍼센트까지는 필요경비로 인정을 해주기 때문에 차익의 10퍼센트의 세금만 내면 되고, 1억이 넘는 작품의 경우에는 양도차익의 최대 90퍼센트는 필요경비로 1억 초과액은 최대 80퍼센트까지 필요경비로 인정을 해준다. 만약 그 작품을 10년 이상 보유했다면 얼마에 샀는지에 상관없이 양도차액에 대해 필요경비를 최대 90퍼센트까지 인정해 준다. 정말 매력적이지 않을 수 없다. 물론 이 세금들은 개인이 거래했을 경우다. 만약 법인이나 개인사업자가 그림을 구매했을 경우에는 이러한 특례기준은 없다. 따라서 법인으로 그림을 구매할 때에는 일반적인 세금 규정법이 적용된다고 생각하면 된다. 확실히 개인이 거래하는 것보다 훨씬 불리함을 알 수 있다.

그리고 마지막으로 미술품을 자산으로 물려주고 싶은 사람들의 경우, 증여세에 대해서도 궁금한 점이 많을 것이다. 사실 상속증여세법상 고가의 미술품의 경우에는 상속이나 증여는 과세 대상이 된다. 그렇다면 미술품을 상속, 증여할 경우 어떤 액수로 신고할 것이냐에 대한 문제도 궁금하다. 이 부분에 대해서는 시행령에 명확하게 규정되어 있다. 2인의 전문가에 대한 감정평가를 받아서 감정된 가격의 세금을 신고, 납부해야 한다고 규정되어 있다. 고가 미술품의 경우에는 거래 기록이 갤러리에 존재하고 있으며, 해외 미술품의 경우, 구매이력이 명확하게 있기 때문에 반드시 투명하게 거래해야 한다.

미술품은 현재 존재하는 모든 자산에 비해 가장 세금이 적은 특별한 투자처다. 실제로 영미권과 우리나라는 미술품의 세금에 대한 부분이 다른데, 미술품에 관한 한 아직까지 다른 투자자산처럼 세금을 매기지 않는 특별한 곳이 바로 대한민국이다. 따라서 우리나라만의 특별한 혜택을 충분히 잘 활용하는 것은 매우 중요하다. 아는 만큼 보인다고 했다. 미술품에 대해 잘 공부하고 이를 충분히 활용한다면 미술계가 우리를 신세계로 안내할 것이다.

<미술품 거래 시 세금>

구분	분류	필요경비	세율
생존작가	비과세		
작고한 작가	6,000만 원 이하	비과세	
	1억 원 이하	양도가액의 90% 비용 인정	1억 원까지 양도가액의 2.2%
	1억 원 초과	1억 원 이하 분: 양도가액의 90% 비용 인정	1억 원까지 양도가액의 2.2%
		1억 원 초과분: 양도가액의 80% 비용 인정	1억 원 초과 양도가액의 4.4%
	10년 이상 보유	양도가액의 90% 비용 인정	양도가액의 2.2%
	10년 미만 보유	양도가액의 80% 비용 인정	양도가액의 4.4%
	단, 실제 취득 비용이 필요경비로 인정해 주는 금액보다 더 많다면 실제 비용을 경비로 반영할 수 있음		

　그런데 미술품을 거래할 때는 세금만 고려해야 하는 것은 아니다. 경매를 통해 거래를 했다면 각종 수수료도 고려해야 한다. 실제 미술품을 거래해 보면 세금보다 거래 과정에서 발생하는 수수료가 더 많다는 것을 알 수 있다. 해외 경매 회사에서는 구매자는 낙찰가액의 25퍼센트 내외, 판매자는 11퍼센트의 수수료를 내야 하고, 국내 경매 회사의 경우에는 구매자에게 19.8퍼센트, 판매자에게 11퍼센트의 수수료가 발생한다. 이처럼 미술품 거래는 부과되는 세금이 적다는 장점도 있지만, 거래 시 발생하는 수수료가 높아 미술품은 거래비용이 큰 자산에 속한다.

예를 들어 경매에 외국 화가의 작품을 내놓아 1억 원의 낙찰가를 받았다면 실제 컬렉터가 수령하는 금액은 표에서 보는 것과 같다.

낙찰가	위탁 수수료 (11%)	취급 수수료 및 기타 경비 (오프라인 내정가의 0.25%)	소득세	수령 금액
1억 원	1,100만 원	25만 원	220만 원	8,655만 원

(단, 경매 회사마다 약간의 수수료 차이가 있다)

그리고 미술품 거래의 주체가 개인이 아니라 법인사업자라면 장식이나 환경미화 등의 목적으로 사무실과 복도 등 여러 사람이 볼 수 있는 공간에 항상 전시하는 미술품일 경우 취득가액 거래 단위별로 1,000만 원까지 손금산입(비용 처리)이 가능하다. 작품을 경매에서 구매했다면 수수료도 취득가액에 포함된다. 다만, 법인은 미술품 양도와 관련해 비과세 규정이 없기 때문에 법인이 소장한 미술품을 양도하는 경우 법인세 신고에 반영해야 한다.

어떻게 해야
'잘' 보관할 수 있을까?

오늘날 최고의 화가로 추앙받는 반 고흐(Vincent van Gogh). 그는 생전에 〈아를의 포도밭〉이라는 단 하나의 작품만이 팔리는 불운을 안았다. 그러나 팔리지 않은 고흐의 명작들을 우리가 오늘날까지 감상할 수 있는 이유는 작품들이 훌륭하게 보존되었기 때문이다.

미술 컬렉팅을 하는 사람이라면 누구나 작품을 보존하는 방법에 대해 고민한다. 미술품은 소비성 물품이 아니라 고가의 예술품이기도 하고, 미술품 자체가 잘 보관되고 보존되어야 할 운명을 갖고 태어난 존재이기에 단순히 소장했다고 해서 끝이 아니다.

가령 파리 루브르 박물관에 있는 클로드 모네(Claude Monet)의 〈양산을 쓴 여인〉은 보기에는 그냥 캔버스 위에 물감으로 구성된 물질 덩어리일 뿐이다. 하지만 우리는 이를 명화라고 부르며 빛이 차단되고 온도와 습도의 조절이 완벽한 박물관의 수장고에서 애지중지하며 보관하고, 국가문화유산에 걸맞게 소중히 대한다.

미술품은 단순히 물질적인 가치만 있는 것이 아니라 역사와 정신적인 가치를 지닌 작품이다. 미술품은 정신적, 경제적, 물질적 가치로 우리 삶을 반영하는 거울 역할을 하기에 우리는 당연히 이를 잘 보존해야 할 사명감을 가지고, 후대에 문화유산으로 손상 없이 물려줘야 한다. 물론 나라가 인정한 미술품이 아니더라도 미술품은 충분히 물질적, 정신적인 자산으로의 가치가 있기에 어떤 미술품이든 소중히 대해야 한다.

미술품 보관 및 관리법

미술품들을 잘 보관하고 관리하는 방법에 무엇이 있는지 살펴보자.

첫째, 실내 온도는 평균 18도에서 ±2도, 습도는 55퍼센트, ±5도를 넘지 않도록 주의해야 한다. 미술품 보존에서 온도와 습도는 가장 중요한 환경 조건으로 유리로 된 것은 습도 40퍼센트, 서양화는 55퍼센트, 한국화나 칠기는 60퍼센트 등 가급적 재료에 따라 조건을 맞춰주는 게 좋다. 물론 지금은 유화물감 등의 재료는 수백 년이 지나도 끄떡없이 완벽에 가깝게 나온다고는 하나, 햇빛과 공기에 노출되는 손상을 완벽하게 막기란 결코 쉽지 않다.

둘째, 작품을 걸어둘 때의 조명은 100-200 LUX의 자외선이 차단되며, 최소 발열 램프를 사용할 수 있도록 한다. 조명을 100-200 LUX로 하는 이유는 감상자에게 정확한 색채 전달을 하기 위해서이며, 재료마다 자외선에 자극이 있기 때문에 자외선이 약한 조명을 사용하는 것이 좋다.

셋째. 액자나 표구는 하는 것이 좋지만, 유리 액자는 그림이 설치될 환경에 따라 신중하게 한다. 액자나 표구는 그림이 움직이지 않을 정도의 습도 변화의 신축 작용을 고려하여 액자를 맞춘다. 따라서 너무 꽉 끼인 액자는 좋지 않으며, 유리 액자의 경우에는 습도가 높은 곳에서는 고(高)습도를 만들 수 있고, 햇빛이 비치면 건조할 수가 있다. 또 곰팡이가 피어오르거나 캔버스의 열화를 촉진할 수도 있으니, 그림이 반드시 그림이 설치될 환경을 고려하여 판단을 내리는 것이 중요하다.

넷째, 작품을 설치할 주변의 환경 조건을 반드시 고려해야 한다. 작품을 벽에 걸 때는 벽과 작품 간의 일정한 간격을 두는 것이 좋다. 작품과 밀착된 벽이 습기를 품고 있어 자칫 작품에 습기가 스며들 수 있기 때문이다. 또한, 열기가 있는 라디에이터나 온풍기 근처에 작품을 두는 것도 고온으로 작품이 손상될 염려가 있기에 주의해야 한다. 이는 에어컨 옆도 마찬가지다. 작품을 옮길 때는 손의 단백질이나 땀이 묻지 않도록 반드시 면장갑을 사용해야 한다.

마지막으로 불가피하게 작품을 관리하지 못해 손상이 생겼을 때는 그대로 방치하지 말고, 복원 전문가의 손에 맡겨 복원하는 것이 바람직하다. 하지만 그 무엇보다도 가장 좋은 방법은 사전에 이러한 요령들을 잘 알고 대처하여 작품의 노화가 오지 않도록 엄격하고 철저하게 보호하는 것이다.

작품의 훌륭한 보존과 관리는 예술적 가치뿐 아니라, 경제적인 가치 또한 가져다준다. 손상된 작품이라면 아무리 김환기나 천경자의 작품이라도 경제적 가치로서는 제로가 될 수 있다. 혹시 모르지 않는가. 내가 선택한 작품이 시대를 초월한 반 고흐의 작품처럼 후대에 인정받을 수 있을지.

초보 아트 컬렉터를 위한 멘토링

미술시장 속
위작의 세계 2

• 진짜보다 더 진짜 같은 그림

1998년 뉴욕 크리스티에서 1억 파운드(1,840억 원)에 낙찰된 레오나르도 다빈치(Leonardo di ser Piero da Vinci)의 작품 〈아름다운 왕녀(La Bella Principessa)〉는 위작논란으로 전 세계 미술계를 떠들썩하게 만들었다. 이 그림에 대해 영국의 위조 화가 숀 그린핼시(Shaun Greenhalgh)는 자신의 회고록에서 그 작품을 1978년 한 슈퍼마켓 여종업원을 모델로 그린 자신의 작품이라고 밝혔기 때문에 당시 진위 여부를 두고 엄청난 논란이 일었던 것이다.

세계적인 영국의 위조 화가 존 미야트(John Myatt)는 1986년부터 그가 체포되기 직전인 1995년까지 미술시장에 총 200여 점의 위작을 유통했다고 폭로했다. 그중 경찰에게 압수당한 그림은 겨우 80여 점에 불과했으며, 나머지 작품이 무엇인지는 밝히지 않겠다고 했으니 정말 어처구니없는 일이 아닐 수 없다.

우리나라도 마찬가지다. 이미 오랫동안 위작에 대한 논란은 계속해서 있었다. 고서화와 고려청자 같은 문화재를 비롯해 한때 온 나라가 떠들썩

했던 '50억 불상 사건'까지. 수년 전에는 한국 최고의 여류 화가인 천경자 화백의 〈미인도〉도 위작논란을 일으켰으며, 한국 단색 화가의 선구자인 이우환의 위작논란도 한국 미술계를 떠들썩하게 만들기도 했다. 한국의 3대 화백으로 손꼽히는 박수근, 김환기, 이중섭 역시 이미 20여 년 전부터 위작논란을 겪어왔으며 실제로 위작이 가장 많은 화가로도 알려져 있다.

미술품 위작의 역사는 미술계의 역사만큼 오래되었다. 로마 시대부터 그리스의 뛰어난 조각작품을 소유하려는 경쟁이 있었는데, 그때부터 위조의 역사는 시작되었다. 당시 그리스 조각품을 원하는 귀족들은 경쟁으로 인해 구하기 어려워지자 실력이 뛰어난 미술가들에게 이를 복제하게 했다. 이후에도 계속해서 복제가 일어났는데 르네상스 시대에는 중세 시대의 작품을, 근대에는 르네상스 시대의 작품이 위조되면서 위조의 역사가 지금까지 이어지고 있다.

위작을 만드는 것은 영미권을 넘어 홍콩이나 중국과 같은 아시아 지역에서도 일어나고 있다. 거리에는 유명 화가들의 위작들이 넘쳐나고 있으며 중국은 이미 전 세계적으로 조직적으로 위작을 유통하고 있다는 소식이 언론을 통해 종종 전해지기도 한다.

위작이 지속해서 유통되는 이유는 무엇일까?

여러 가지 이유가 있겠지만, 대표적으로는 일부 계층이 행하는 은밀하게 고가 미술품만을 수집하고자 하는 문화적 허영심이나 그림을 투기로만 바라보는 재력가, 미술관이나 미술품에 적용되는 미술품 증여세 면세 제도 등이 위작을 부추기는 요인이다.

또 가난한 예술가들과 위작을 수단으로 돈벌이에 이용하려는 사기꾼들 역시 작품 위조에 한몫하고 있다. 또 그림의 위작논란이 불거졌을 때,

이를 쉬쉬하는 미술계의 수동적인 태도도 문제다.

가장 심각한 문제는 자신들의 실력이 드러날까 두려운 감정가들과 위작이 밝혀졌을 때 고스란히 손해를 볼 수밖에 없는 컬렉터, 또는 위작논란으로 자신의 명예 실추나 작품가 하락을 우려하는 예술가들로 인해 일어난다. 이들은 위작이 나타났을 때 해결하려는 대신 묵인해 버리는 경향이 있다. 그러나 다행스럽게도 현대 과학기술의 발전은 미술품 위작을 판별하기 위한 여러 방법을 마련해 놓았다. 그럼에도 위작의 논란은 여전히 세계 곳곳에서 잊을만하면 등장한다.

사실 실제로 위작을 만들고 유통하는 주체는 정작 극소수지만, 위작이 광범위하게 퍼지는 이유는 분명 미술시장과 미술인들의 암묵적 동의가 있기 때문이다. 결국 이러한 행태는 미술계의 불신을 점점 더 확산시키는 일이며 미술계의 자체 정화가 이루어지지 않으면 침체가 불가피함을 인지해야 한다. 사실 위작 문제는 반드시 근절되어야 한다. 작품에 대한 믿음과 위작에 관한 불안이 사라진다면 미술시장은 더욱 견고한 투자시장으로도 자리 잡을 수 있을 뿐 아니라 미술경제 역시 활성화될 것이기 때문이다.

• 내가 보고 있는 작품은 진짜일까?

미술의 대중화가 활발한 현대미술시장에서는 가끔 위조 작품에 대한 논란이 불거질 때가 있다. 어떤 전시에서 소개되는 그림 중에는 몇 점을 제외하고는 위조품이 아니냐는 소문이 돌기도 하며, 유명 화가의 그림을 비싸게 구입한 후 진위 여부를 확인하려는 경우도 종종 있다. 가끔은 유명 화가의 화풍을 따라 그린 그림을 그 화가의 작품으로 속여 팔았다는 소식이 뉴스에 나오기도 한다. 사실 그림 한 점을 구매하는 데에는 상당한 비용이 들어가기에 내가 산 그림이 진품인지에 대한 우려는 항상 따르기 마련이다.

위조 작품을 감별하는 일은 거의 불가능할 정도로 어렵다. 미술에 대한 식견이 높은 사람이나 전문가조차도, 때로는 작가 자신조차도 혼란스러워하는 경우가 있을 정도다. 사실 20세기에 들어서기 전까지 동서양을 불문하고 위작 감정가들조차 눈으로 검증해서 진위여부를 가르는 외에 뾰족한 방법이 없었으니 위작논란이 시원하게 해결되지 않는 것이 사실이었다.

원래 예술품 감정을 처음으로 시작한 사람은 19세기 이탈리아의 미술사학자 지오바니 모렐리(Giovammi Morelli)였다. 그가 고안한 모렐리안 분석 방식은 육안으로 미술작품의 세세한 디테일을 직접 확인하는 것으로 원본과 대조하여 차이점을 분별해 내는 방식이었다.

20세기 이후로는 색층분석 기법, 즉 화가가 사용한 재료나 원료, 그리고 그림을 그린 캔버스나 종이의 재질을 분석하는 작품 감별법이 시작되었다. 현대에는 AI(인공지능)의 등장으로 그림 안에 있는 많은 수의 붓질 흔적이나 특성을 파악하는 것이 가능해졌다. 하지만 아직까지 우리나라의 작품 감별 시스템은 인간 전문가의 개입을 필요로 하며 여전히 미흡한 부분들이 존재한다. 그래서 우리는 혹시 모를 피해를 최소화하기 위해서라도 진위를 감별하는 최소한의 방법을 숙지하고 있어야 한다.

우리가 가장 쉽게 진위 여부를 확인할 수 있는 방법으로는 먼저 내가 구매할 그림의 소유권과 거래 내역을 확인하는 것이다. 과거 그 그림이 그려지면서부터 내가 소장하기까지의 내역이 명확하다면 그만큼 진품일 가능성은 높아진다. 또한, 화가의 화풍, 붓질 스타일, 서명 위치, 그리고 화가 스스로도 인지하지 못하는 습관 등을 사전에 알고 있다면 진위 여부 판단에 큰 도움이 된다. 이러한 정확한 정보를 얻기 위해서는 평소 화가

에 대한 꾸준한 공부와 미술관이나 갤러리 등의 전시공간에 발길을 자주
하며 최대한 그림 감상을 많이 할 필요가 있다. 그러다 보면 어느새 안목
이 높아질 뿐만 아니라 화가의 특성, 화풍, 시대별 작품스타일과 어떻게
붓질을 했으며 주로 어떤 소재를 좋아했는지 등의 그림을 읽을 수 있는
능력과 심미안은 덤으로 따라온다. 그러다 보면 자신도 모르는 사이 자발
적인 감별 능력이 만들어진다.

　사실 미술감정가들도 시작은 같다. 미술감정가들은 단 몇 분 만에 그
림을 감정할 수 있기에 천부적인 직감을 가진다고 여기기도 한다. 하지만
이 모두가 경험과 작품에 대한 그들의 노력이 긴 시간 동안 차곡차곡 누
적된 결과라고 할 수 있다. 미술감정가들은 화가가 사용하는 재료, 붓 터
치, 붓의 종류, 복원 여부 등 화폭에 담긴 눈에 보이는 모든 특징을 종합
적으로 분석해 작품을 판별한다. 물론 그러한 능력을 위해서는 부단한 연
구와 노력이 필요하다.
　비록 우리가 전문가의 눈을 가지지 못하더라도 스스로 작품 보는 눈을
키운다면, 이것은 아무 식견 없이 작품을 구매하는 것에는 비할 바가 되
지 못한다. 만약 작품의 가치를 알아보는 눈을 갖게 된다면 그때부터는
진정으로 작품을 즐기고 그 가치를 누릴 수 있는 진정한 미술애호가로 다
시 태어날 것이다.